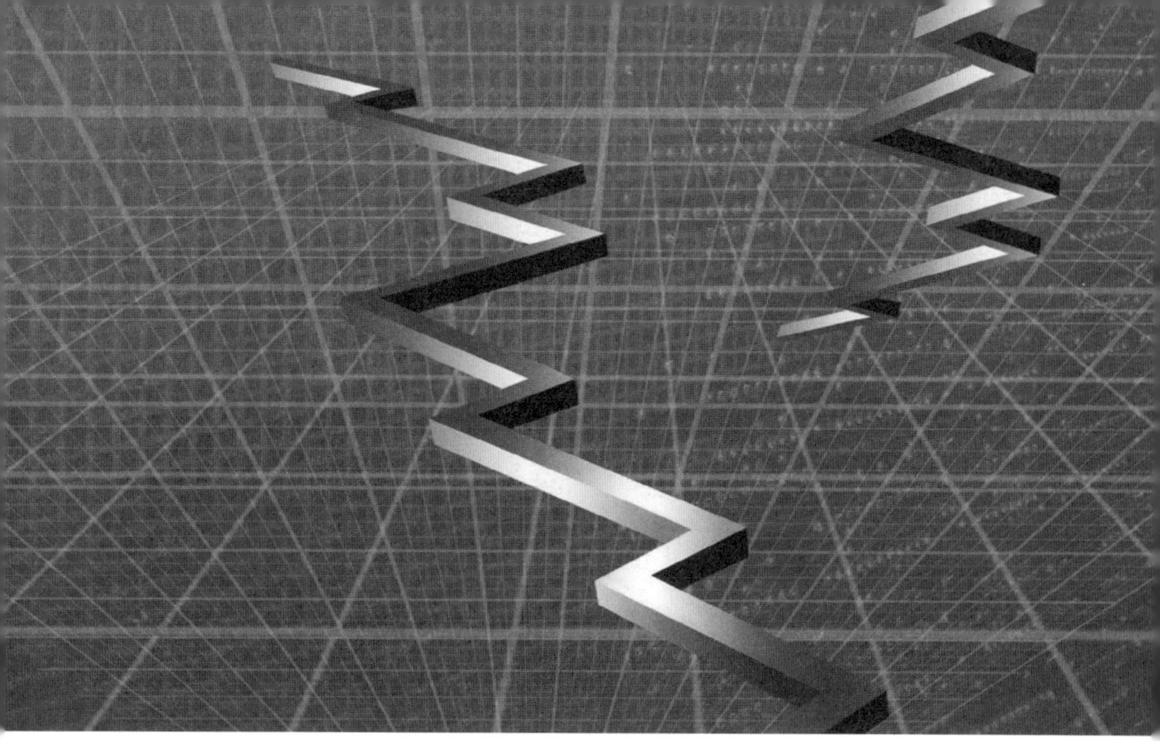

国家部委荐用教材
全国优秀统计教材
配套用书

《统计学原理》学习指导及Excel数据统计分析

（第三版）

主　编　韩兆洲　王斌会
副主编　熊　剑　吴云凤

暨南大学出版社
JINAN UNIVERSITY PRESS
中国·广州

图书在版编目（CIP）数据

《统计学原理》学习指导及 Excel 数据统计分析/韩兆洲，王斌会主编；熊剑，吴云凤副主编．—3 版．—广州：暨南大学出版社，2018.7（2022.7 重印）
ISBN 978 - 7 - 5668 - 2384 - 7

Ⅰ. ①统… Ⅱ. ①韩…②王…③熊…④吴… Ⅲ. ①统计学—高等学校—教学参考资料 Ⅳ. ①C8

中国版本图书馆 CIP 数据核字（2018）第 103738 号

《统计学原理》学习指导及 Excel 数据统计分析（第三版）
《TONGJIXUE YUANLI》XUEXI ZHIDAO JI Excel SHUJU TONGJI FENXI（DI-SAN BAN）
主　编：韩兆洲　王斌会　副主编：熊　剑　吴云凤

出 版 人： 张晋升
责任编辑： 黄　球
责任校对： 叶佩欣
责任印制： 周一丹　郑玉婷

出版发行： 暨南大学出版社（511443）
电　　话： 总编室（8620）37332601
营销部（8620）37332680　37332681　37332682　37332683
传　　真：（8620）37332660（办公室）　37332684（营销部）
网　　址： http：//www. jnupress. com
排　　版： 广州市天河星辰文化发展部照排中心
印　　刷： 佛山市浩文彩色印刷有限公司
开　　本： 787mm × 960mm　1/16
印　　张： 13. 5
字　　数： 286 千
版　　次： 2002 年 4 月第 1 版　2018 年 7 月第 3 版
印　　次： 2022 年 7 月第 26 次
印　　数： 86801—88800 册
定　　价： 38. 00 元

第三版说明

在教学过程中，学习指导书能引导学生深入钻研教材，更好地掌握教材中的重点与难点，收到事半功倍的学习效果。

本书是与韩兆洲主编的《统计学原理》第八版配套使用的学习指导书。本书上编除第一、二章为五部分外，其余章分六部分：第一部分指出本章的学习目的与要求；第二部分指出本章的学习重点与难点；第三部分简明扼要地给出本章内容提示；第四部分是教材的思考题与解答要点；第五部分是教材的习题与解答；第六部分是根据本章要求设计的综合自测题，供学生学完本章后进行课堂或课外自测。下编结合本书的内容阐述“Excel 数据统计分析”的使用方法，使学生在掌握本书理论与方法的基础上，能够用计算机更为简单、快捷、准确地处理数据。在附录一中附有科学计算器的使用方法，供初学者计算使用；在附录二中附有两份模拟试题，供读者模拟考试使用，以便进一步熟悉课程内容，掌握试卷类型，积累考试经验。

本书上编各章由下列人员编写：谢启南（第一、二、十二章），熊剑（第三、八章），吴云凤（第五章），韩兆洲（第四、六、七、九章），王军（第十章），林少萍（第十一章）；下编由王斌会编写。本书框架结构及其余各部分均由韩兆洲设计、编写。全书由谢启南审核定稿。

由于编者水平有限，不足之处在所难免，敬请读者指正。

编　者

2018 年 4 月

目　录

上编　《统计学原理》学习指导

下编　Excel 数据统计分析

附　录

上编 《统计学原理》学习指导

第一章 绪 论

一、学习目的与要求

本章是全书的总纲。通过对本章的学习，使读者明确统计的含义，了解统计的产生和发展、统计的特点和作用，掌握统计学的若干基本概念，为以后各章的学习打好基础。

二、学习重点与难点

本章的学习重点是统计的特点和作用以及统计学的若干基本概念；难点是各基本概念之间的联系与区别。

三、内容提示

绪论
- 统计的含义——统计工作、统计资料和统计科学
- 统计的产生和发展
- 统计的特点、作用和任务
- 统计科学与统计工作的关系
- 统计学的理论基础——哲学与政治经济学、概率论与数理统计
- 统计学的若干基本概念
  - 总体与总体单位
  - 标志、变异与变量
  - 指标与指标体系

四、思考题与解答要点

1. 什么叫统计?

答：“统计”最基本的含义是指人们对客观事物的数量表现、数量关系和数量变化进行描述和分析的计量活动。简言之，是指对客观事物的数量方面进行核算和分析。这种活动就是统计工作，其成果就是统计资料。统计工作经验的科学

总结和理论概括就是统计科学。所以，在不同场合，“统计”一词有统计工作、统计资料和统计科学这三种不同的含义，但最基本的还是统计工作。

2. 统计有哪些特点？它最基本的特点是什么？

答：统计有三个特点，即数量性、具体性和综合性。数量性，即统计是研究事物的数量。具体性，即统计所研究的量是具体的量，是与客观事物的质密切联系的量，而不是抽象的量。综合性，即统计是从总体上、从宏观角度去研究事物的量；统计也研究个体，但其目的是通过对个体的综合提炼来认识总体的数量特征及其规律。在上述三个特点中，数量性是统计最基本的特点。

3. 统计科学发展史上的主要学派有哪些？各派的主要代表人物是谁？

答：统计科学发展史上的主要学派及其代表人物有：①记述学派（又称记录学派、国家学派、国势学派），其代表人物是德国的赫尔曼·康令和哥特弗里德·阿亨瓦尔。阿亨瓦尔是第一个使用“统计学”这个名称的人。②政治算术学派，其代表人物是英国的威廉·配第和约翰·格朗特。政治算术学派因威廉·配第的《政治算术》一书而得名。马克思认为威廉·配第是统计学的发明者（创始人）。③图表学派，其代表人物是丹麦的安徊逊和德国的克罗姆。④数理学派，其主要代表人物是比利时的阿道夫·凯特勒。⑤社会学派，其主要代表人物是德国的乔治·蓬·梅尔和厄·恩格尔。

4. 统计在社会生活中有什么作用？为什么说统计是认识世界的有力武器？

答：统计在社会生活中的作用：①它是认识世界的有力武器；②它是治国和管理的重要手段；③它是科学研究的有效工具。其中，充当认识世界的有力武器是统计最基本的作用。说统计是认识世界的有力武器，其理由有二：第一，任何事物都是质与量的对立统一，任何事物的量都依存于一定的质，而任何事物的质都可以在一定的条件下，通过一定的形式表现为一定的量。第二，统计最基本的特点就是以数字为语言研究事物的量。主观和客观两方面的原因，使统计能够成为认识世界的有力武器。

5. 统计工作的基本任务是什么？怎样理解服务与监督的关系？

答：《中华人民共和国统计法》第二条规定：“统计的基本任务是对社会经济发展情况进行统计调查、统计分析，提供统计资料和统计咨询意见，实行统计监督。”简言之，统计工作的基本任务就是服务与监督两个方面。服务与监督是相辅相成、不可分割的两个方面，监督是服务的必要条件，也是服务的一种方式；服务则是监督的目的，监督是为了更好地服务。对服务和监督，只强调任何一个方面，都是片面的和错误的。

6. 统计学的研究对象是什么？

答：统计学的研究对象是统计工作的规律，即人们正确从事统计调查、统计整理和统计分析应当遵循的客观必然性，所以它是一门方法论科学。无论在自然科学领域还是在社会科学领域，从事统计实践活动，都要遵循统计工作的规律，都要以统计科学所阐明的正确理论和方法为指导。

7. 统计学的理论基础是什么？为什么？

答：统计学的理论基础是马克思列宁主义，特别是马克思主义哲学和政治经济学。因为马克思主义哲学是无产阶级的世界观和方法论，是认识世界和改造世界最锐利的思想武器，而马克思主义政治经济学研究人类社会的生产关系，研究物质资料生产和分配的规律，因而科学地分析社会再生产过程中各个阶段的各种经济关系，必然成为社会经济统计正确认识经济现象的理论依据。统计所研究的量大多是随机变量，所以，社会经济统计也要以概率论和数理统计为理论基础。

8. 什么叫总体和总体单位？总体有哪些特征？什么是有限总体？什么是无限总体？

答：总体是指在某种共性的基础上由许多个别事物结合起来的整体。构成总体的个别事物叫总体单位。总体和总体单位都是客观存在的事物，是统计研究的客体。总体具有同质性、大量性和差异性三方面的特征。总体单位数有限而可以计数的总体叫有限总体，总体单位数无限而不可计数的总体叫无限总体。对有限总体既可进行全面调查，也可进行非全面调查，对无限总体则只能进行非全面调查。总体和总体单位是根据统计研究的目的来确定的，并随研究目的的变化而变化。

9. 什么是标志？标志有哪几种？

答：标志是说明总体单位特征的名称。标志可分为数量标志和品质标志。凡反映总体单位数量特征，需用数字来回答的标志（如人的年龄、工业企业的职工人数），叫数量标志；凡反映总体单位属性（品质）特征，只能用文字来回答问题的标志（如人的性别和企业的经济类型等），叫品质标志。标志还可以从另一个角度分为不变标志和可变标志。所有总体单位共同具有的特征，叫不变标志（如人口普查中的国籍）；在总体各单位之间必然存在差异的标志，叫可变标志（如人口普查中的性别、民族、年龄等）。

10. 什么是变异？什么是变量？

答：可变标志在总体各单位之间表现出来的差异叫变异，如性别分男、女，我国民族分汉族、满族、蒙古族、回族、藏族等，年龄的 1 岁、23 岁等差异就是变异。可变的数量标志叫变量，如人的年龄，工业企业的职工人数、产值等。变量的具体数值叫变量值。

11. 什么是连续变量？什么是离散变量？两者有何区别？

答：变量的具体数值，有的连续不断变化，很难以整数断开，如人的年龄、身高、体重等，叫连续变量；有的则可以整数断开，两数之间不可能再出现第三个数，如一个工厂的职工人数、机器台数等，叫离散变量。简言之，变量值可作无限分割的变量叫连续变量；变量值只能以整数出现的变量叫离散变量。

12. 什么叫指标？指标和标志有什么区别和联系？

答：指标是说明总体数量特征的概念。指标和标志的区别有二：一是指标用于说明总体，标志则用于说明总体单位；二是指标只说明总体的数量特征，所有指标都要用数字表示，而标志既说明总体单位的品质特征，也说明其数量特征，品质特征用文字回答问题，数量特征用数字回答问题。指标和标志的联系，主要表现为许多指标的数值是由总体各单位某种数量标志的标志值汇总而得出来的；品质标志本身虽无数值，但许多指标却是按品质标志分组计算出来的。此外，由于一个客体是作为总体还是总体单位可随统计研究目的的变换而变换，故指标和数量标志在一定条件下亦可转化。

13. 什么叫指标体系？设计指标体系时应注意哪些问题？

答：以共同的研究目的为纽带而相互联系的一系列统计指标，叫指标体系。统计指标体系的设计，首先必须从统计研究的需要出发；其次要贯彻少而精的原则；最后要把需要与可能结合起来，虽然需要但难以或不可能取得资料的指标，宁可不要。

五、综合自测题

（一）判断题

1. 统计数字的具体性是统计学区别于数学的根本标志。（ ）

2. 社会经济统计是在质与量的联系中，观察和研究社会经济现象的数量方面。（ ）

3. 离散变量的数值包括整数和小数。（ ）

4. 总体和总体单位的概念不是固定不变的，任何一对总体和总体单位都可以互相变换。（ ）

5. 统计指标体系是对许多指标的总称。（ ）

（二）单项选择题

1. 统计研究的数量必须是（ ）。

①抽象的量 ②具体的量

③连续不断的量 ④可直接相加的量

2. 统计总体最基本的特征是（ ）。

①数量性 ②同质性 ③综合性 ④差异性

3. 统计总体的同质性是指（ ）。

①总体单位各标志值不应有差异

②总体的各项指标都是同类性质的指标

③总体全部单位在所有标志上具有同类性质

④总体全部单位在某一方面具有共性

4. 一个统计总体（ ）。

①只能有一个标志 ②只能有一个指标

③可以有多个标志 ④可以有多个指标

5. 总体和总体单位不是固定不变的，由于研究目的的不同，（ ）。

①总体单位有可能变换为总体，总体也有可能变换为总体单位

②总体有可能变换为总体单位，总体单位不能变换为总体

③总体单位有可能变换为总体，总体不能变换为总体单位

④任何一对总体和总体单位都可以互相变换

6. 某小组学生的数学考试成绩分别为60分、68分、75分和85分。这四个数字是(　　)。

①标志　②指标　③标志值　④变量

(三) 多项选择题

1. 统计所研究的量是(　　)。

①抽象的量

②具体的量

③体现事物之间数量关系的量

④与事物的质紧密联系的量

⑤反映事物发展过程的量

2. 总体的特征包括(　　)。

①同质性　②社会性　③大量性　④抽象性　⑤差异性

3. 下列标志中，属品质标志的是(　　)。

①年龄　②性别　③社会阶层　④汽车产量　⑤行业代码

4. 下列指标中，属质量指标的是(　　)。

①职工人数　②平均工资　③利润率

④总产值　⑤劳动生产率

5. 在全国人口普查中(　　)。

①国籍是可变标志　②全国人口数是统计指标

③每个人是总体单位　④人的年龄是变量

⑤全国男性人数是品质标志

6. 下列几对关系中有对应关系的是(　　)。

①标志与总体　②总体与指标

③指标与总体单位　④总体单位与标志

⑤指标与品质标志

(四) 填空题

1. “统计”一词有________、________和________三种含义。

2. 统计的特点是数量性、具体性和综合性，其中________是其最基本特点。

3. 统计总体具有三个特征，即________、________和________，其中________是其最基本特征。

4. 标志是说明________特征的。它可以分为________标志和________标志两种。前者用________表示，后者用________表示。

5. 指标是说明________特征的。所有指标都要用________表示。

（五）简答题

1. 为什么说统计是认识世界的有力武器？
2. 什么叫总体和总体单位？试举例说明它们之间的关系。
3. 什么是标志？它有哪些分类？
4. 指标和标志有何区别与联系？
5. 什么是数量指标？什么是质量指标？

第二章 统计调查

一、学习目的与要求

通过对本章的学习，使读者明确统计调查的概念和原则，掌握统计调查的组织形式和方法，了解调查方案、问卷设计及调查误差的有关问题。

二、学习重点与难点

本章的学习重点是统计调查的组织形式，重点掌握普查、抽样调查和重点抽样、典型抽样的概念；难点是调查单位与报告单位的区别、统计报表与普查的区别、重点调查与典型调查的区别。

三、内容提示

- 统计调查
  - 统计调查的意义和原则
  - 统计调查的组织形式
    - 普查
    - 随机抽样调查与非随机抽样调查
    - 定期统计报表
  - 统计调查的方法——直接观察法、采访法、报告法、通讯法、实验调查法和网上调查法
  - 调查方案
    - 调查方案的概念
    - 调查方案的基本内容
  - 问卷设计
  - 调查误差

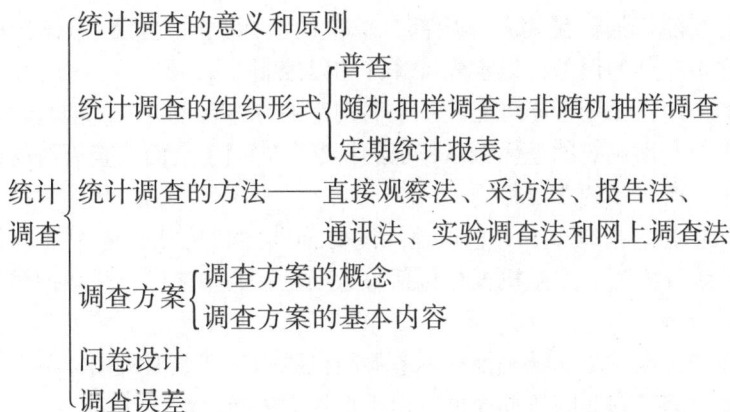

四、思考题与解答要点

1. 什么叫统计调查？其重要意义是什么？

答：统计调查指根据统计研究的目的，有组织、有计划地搜集统计资料。它是统计工作的第一阶段，是决定整个统计工作质量高低的基础环节。只有搞好统计调查，才能为统计整理和统计分析打下良好的基础。若调查材料零碎、片面、不准确，那么，统计整理和统计分析必将产生错误的结论，导致错误的决策，使社会经济活动和人民生命财产遭受损失，甚至蒙受灾难。

2. 统计调查的基本原则是什么？

答：统计调查的基本原则是：①实事求是，如实反映情况；②及时反映，及时预报；③数字与情况相结合。

3. 什么是普查？什么是随机抽样？什么是非随机抽样？什么是重点抽样？什么是典型抽样？什么是定期统计报表？它们各有什么特点？各有什么作用？

答：（1）普查，指为搜集某种社会经济现象在某时某地的情况而专门组织的一次性全面调查。

普查的特点：涉及面广、工作量大、时间性强、耗费较多、组织工作复杂。具体来说：①必须少而精，应当限于事关重大的重要问题。②必须统一规定调查项目，以保证调查内容的统一。③必须明确规定普查的标准时点，防止资料的错乱。④必须统一规定进行调查的起讫期限，确保调查按期完成，各地资料能按时上报汇总。⑤同类普查应尽可能按一定的周期进行，以便研究事物发展变化的规律。⑥必须加强领导，统一指挥，严密组织，妥善安排。

普查的作用：普查是了解国情国力基本情况的重要手段，主要用于一些重要项目的调查。如人口普查、耕地普查、基本单位普查、工业普查和库存普查等。

（2）随机抽样又叫概率抽样，指按随机原则（机会均等原则）从总体中抽取部分单位进行调查，并借以推断和认识总体的一种统计方法。

随机抽样的特点：①随机抽样是一种非全面调查。②随机抽样是按随机原则抽取调查单位。③随机抽样是用总体中部分单位的指标数值去推断总体指标数值。④随机抽样中产生的误差可以事先计算并加以控制。

随机抽样的作用：①用于不可能进行全面调查的总体数量特征的推断。②用于某些不必要进行全面调查的总体数量特征的推断。③用于全面调查资料的评价和验证。④用于生产过程的质量控制。

（3）非随机抽样，指调查者有意识地或随意而非随机地从总体中抽取部分单位进行调查的统计方法。非随机抽样包括重点抽样、典型抽样、任意抽样、配额抽样。

非随机抽样的特点：①非随机抽样不遵循随机原则。②非随机抽样不能事先计算和控制抽样误差。③非随机抽样也不用于推算总体指标。

非随机抽样的作用参见各种具体的非随机抽样（包括重点抽样、典型抽样、任意抽样、配额抽样）的作用。

（4）重点抽样，指只对总体中为数不多但影响颇大（其标志值在总体标志总量中所占比重甚大）的重点单位进行研究的一种非全面调查。

重点抽样的特点：以较少的人力、物力和财力，及时地掌握总体的基本状况及其发展变化的基本趋势。

重点抽样的作用：①重点抽样用于反映总体的基本状况及其发展趋势。②重点抽样适用于分布比较集中的事物。重点单位可以是重点地区（产区、市场、出口基地等），也可以是重点企业、主要产品或商品，视具体情况而定。

（5）典型抽样，指根据对调查对象的初步了解，有意识地从中挑选有代表性的单位进行研究的一种非全面调查。

典型抽样的特点：①典型抽样从研究个别到了解一般，然后又以一般指导个别，符合人类认识运动的规律，是认识事物的科学方法。②典型抽样灵活方便，反应迅速，省时省力，深入具体，可以把数字和情况结合起来进行调查。

典型抽样的作用：①“解剖麻雀”，推论一般，指导全局。②研究新生事物，推广新鲜经验，促进新生事物的发展。③有利于全局与典型、数字与情况的结合，促进统计研究的深化。

（6）定期统计报表，指按国家统一规定的指标体系、表格形式、报送程序和报送时间，定期地自下而上地向国家和上级主管部门报送统计资料的一种统计调查形式。

定期统计报表的特点：①定期统计报表既可用于全面调查，也可用于非全面调查。②定期统计报表相对于派员调查而言，花费较少。但它要求有较好的统计工作基础，故不能事事都靠统计报表来收集资料，不能滥发统计报表，只能因事制宜。

定期统计报表的作用：①定期统计报表是国家取得经常性的基本统计资料的手段。②通过定期统计报表，可以经常地收集社会经济活动的基本统计资料，为企业和上级领导了解情况、决定政策、制订计划、监督检查政策与计划的执行情况和指导日常工作提供必要的依据。

4. 定期统计报表和普查两者有何异同？

答：定期统计报表和普查既有相同之处，也有不同之处。①从调查范围上说，普查是全面调查，定期统计报表一般也是全面调查。②从调查所涉及的内容看，定期统计报表比普查要广泛得多。③从调查时间上说，定期统计报表是经常调查，普查则是一时调查。

5. 收集统计的方法有哪几种？各有什么特点？适用于什么条件或场合？

答：收集统计资料的方法有直接观察法、采访法、报告法、通讯法、实验调查法和网上调查法等。

（1）直接观察法也叫现场观察法，指调查机关派出调查人员到调查所涉及的事物所在的场所进行现场观察、点数、计量或用仪器测量和记录现场情况的调查方法。简言之，是调查人员亲自到现场点数、计量的方法。

直接观察法的特点和适用条件：①调查人员亲自到现场计量、点数和了解有关情况。②采用这种方法可提高统计资料的准确性，也有利于开展统计分析，但耗费较大，而且不能了解人的心理活动，无法用于对历史情况的研究。③这种方法主要用于非全面调查，收集表象资料，了解现实情况。

（2）采访法，指由调查机关派出调查人员向被调查者收集资料的方法。采访法分个别采访和集体采访（调查会）两种形式。可以通过口头询问收集资料或分发调查表格由被调查者自填而后收回。

采访法的特点和适用条件：①调查人员和被调查者直接交谈，调查人员可向被调查者说明调查的目的要求，打消被调查者不必要的顾虑，也可以当场解答被调查者的各种疑问。②集体采访，还可相互讨论、相互启发和相互补充。③采访法可以收集到比较准确的信息和丰富的资料，也有利于调查人员把收集统计资料和有关情况结合起来。④采访法需要花费较多的人力、财力和时间。⑤电话调查是采访法的一种特殊形式，比派员采访节省人力、财力和时间，成本较低，但往往不易获得对方的合作，而且不便询问比较复杂的问题。⑥要搞好采访调查，必须有事先准备的详细提纲，虚心求教的态度，实事求是的精神，随机应变的能力和循循善诱的技巧。

（3）报告法，指被调查者按调查机关统一颁发的调查方案（表格、指标及有关规定）按时向上级报告有关资料的调查方法。定期统计报表和某些一次性调查表都用这种方法。

报告法的特点和适用条件：①具有强制性，下级必须按规定准确及时地向上级提供统计报告。②对违反规定弄虚作假和迟报、拒报者，将按统计纪律和统计法给予惩处。③它一般是对机关团体和企业事业单位，而不是对个人。④相对直接观察法而言，无论在人力、物力、财力还是时间方面，报告法都要节省得多。⑤由于报告法是通过颁发调查方案来收集资料的，调查者和被调查者不直接接触。因此，调查方案必须简明准确、通俗易懂，以防止由于被调查者对调查方案的理解错误而影响统计质量。

（4）通讯法，指调查机关用通讯方式向被调查人收集资料的方法。

通讯法的特点和适用条件：①以自愿提供资料为前提，无强制性。②所费较低，但回收率较低，资料的可信度也可能较低。③此法适用于了解个人信息。

（5）实验调查法，指通过某种社会实践活动的验证去收集有关资料的一种调查方法。

实验调查法的特点和适用条件：①这种方法能获得较准确的资料。②适用于对重大决策的研究。③花费较高。

（6）网上调查法，指利用现代信息网络来收集统计资料的方法。

网上调查法的特点和适用条件：①通过网络向被调查单位和个人的网站发出调查提纲、表格或问卷，被调查者亦通过网络向调查者发送信息。②这是一种最简便、快捷、节省的调查方法。③但这种方法的调查范围有限，问卷回收率和调查质量也没有保证。

6. 什么是统计调查方案？它包括哪些基本内容？

答：统计调查方案指关于统计调查的完整的工作计划。

基本内容包括：①调查的目的。②调查对象、调查单位和报告单位。③调查项目和调查表。④调查的时间、地点。⑤调查的方式方法。⑥调查工作的组织实施计划。

7. 什么是调查对象、调查单位和报告单位？报告单位和调查单位有什么不同?

答:调查对象即总体。调查单位即总体单位。报告单位又叫填报单位,指按照调查方案的要求负责向上级报送调查结果的单位。

报告单位和调查单位的不同点:①报告单位是调查资料的报送者,只能是向上级报送调查结果的机构和人;调查单位则是调查项目的承担者,既可以是某种机构和人,也可以是某种物(如工业设备普查中,每台设备都是调查单位)。②报告单位和调查单位两者,有时是一致的(如工业普查中,每个工业企业既是调查单位,又是报告单位),但有时又是不一致的(如工业设备普查中,调查单位是每一台工业设备,但报告单位却是每一个工业企业)。

8. 什么是调查项目和调查表?调查表有哪几种?

答:调查项目,指作为调查内容规定下来的调查单位的特征(标志)。调查表则是合理而有序地排列调查项目的表格。

调查表有两种:凡只能填写一个调查单位的调查表叫单一表;凡可同时填列若干个调查单位的调查表叫一览表。

9. 什么是问卷?设计问卷时要注意哪些问题?

答:问卷是指调查者向被调查者发出的调查提纲或调查表。

设计问卷时要注意的问题:①问卷必须主题明确。②词语必须简明准确。③不设容易引起被调查者反感或疑虑而不能获得答案的项目。④问卷项目要按一定的顺序排列,要先易后难或由浅入深,并注意项目之间的联系。⑤要注意调查对象的特点。⑥问卷设计要邀请了解情况、熟悉业务的行家共同研究,而且最好经过试验性调查加以修正,切忌闭门造车。⑦要讲究调查技术。

10. 什么是调查误差、工作误差和代表性误差?

答:调查误差是指调查所得的统计数字与调查对象的实际数量之间的差异,即调查所得的数量大于或小于调查对象的实际数量之差。

调查误差有两种情况:一种是由于调查工作中的失误所造成的误差,叫工作误差;另一种是以部分推断总体时必然存在的误差,叫代表性误差。

11. 怎样防止和减少调查误差?

答:①正确周密地制订统计调查方案。②健全原始记录,完善统计台账。③加强对统计人员的培训,提高统计人员的素质。④加强对调查资料的审核。⑤科学地抽取样本和选择典型。⑥加强统计司法,严惩弄虚作假行为。

五、综合自测题

(一)判断题

1. 全面调查只适用于有限总体的调查。 ( )

2. 人口普查可以经常进行,所以它属于经常性调查。 ( )

3. 在任何条件下,典型调查的资料都可以推算总体指标。 ( )

4. 在统计调查中,调查单位和报告单位两者通常是一致的,但有时也是不

一致的。 ( )

5. 专门调查是为了研究某些专门问题而临时组织的调查，它与定期统计报表是两种不同的方式。 ( )

（二）单项选择题

1. 划分全面调查与非全面调查的标志是( )。

①资料是否齐全 ②调查单位是否全部

③调查时间是否连续 ④调查项目是否齐全

2. 在非全面调查中，最完善、最有科学根据的调查方法是( )。

①重点抽样 ②典型抽样 ③随机抽样 ④普查

3. 制订统计调查方案的首要问题是( )。

①选择统计调查的方式

②明确调查的任务和目的

③制订统计调查的组织实施计划

④确定统计调查的对象和单位

4. 统计调查对象指的是( )。

①需要调查的那些具体单位

②需要调查的某种社会现象的总体

③需要调查的各项指标及数据

④负责向上级报告调查内容的单位

5. 调查工业企业设备情况时，每个工业企业是( )。

①调查对象 ②调查单位

③报告单位 ④调查单位和报告单位

6. 调查工业企业经济效益时，每个工业企业是( )。

①调查对象 ②调查单位

③报告单位 ④调查单位和报告单位

（三）多项选择题

1. 普查是( )。

①专门组织的调查 ②经常性调查

③一次性调查 ④全面调查

⑤可广泛采用的调查方法

2. 收集统计资料常用的方法有( )。

①直接观察法 ②采访法

③报告法 ④通讯法

⑤实验调查法

3. 在工业设备普查中( )。

①调查对象是工业设备 ②总体单位是工业企业

③报告单位是每个工业企业 ④调查单位是每台工业设备

⑤总体是工业部门

4. 典型抽样调查的特点是(　　)。

①由调查者有意识地挑选有代表性的单位

②可进行较深入细致的调查研究

③一般可用典型推论总体

④费用比较节省

⑤必须事先对调查对象有所了解

5. 对城市职工家庭生活情况进行调查（又叫住户调查），适宜采用(　　)。

①全面调查　　②经常性调查

③抽样调查　　④采访法

⑤重点调查

6. 全国人口普查(　　)。

①调查对象是每户家庭

②调查单位是每一个国民

③报告单位是每户家庭

④调查单位是每户家庭

⑤调查对象是全国人口

7. 关于调查表，以下表达正确的有(　　)。

①单一表只填报一个调查单位

②调查项目较多时应采用一览表

③一览表可同时填列若干个调查单位

④调查项目的多少不影响采用哪种形式的调查表

⑤调查项目较少且调查单位较集中时可用一览表

(四) 填空题

1. 统计调查按组织形式的不同，可分为____________和____________。

2. 重点单位指总体中______________的单位，典型单位则指总体中若干______________的单位。

3. 制订统计调查方案的首要问题是______________。

4. 调查单位与报告单位的主要区别在于调查单位是____________，而报告单位则是_______________。

(五) 简答题

1. 什么叫统计调查？它有何重要意义？

2. 定期统计报表与普查有何异同点？

3. 重点抽样与典型抽样有何主要区别？

4. 什么是调查对象、调查单位和报告单位？三者有何不同？

第三章　统计整理

一、学习目的与要求

通过对本章的学习，使读者明确统计整理的概念和程序，认识统计分组的意义和作用，掌握统计分组和变量数列的基本理论和方法，了解统计资料汇总的方法和技巧，了解统计表的结构、种类和制表规则。

二、学习重点与难点

本章的学习重点是统计分组的概念、作用，变量数列的编制方法；难点是统计分组的种类。

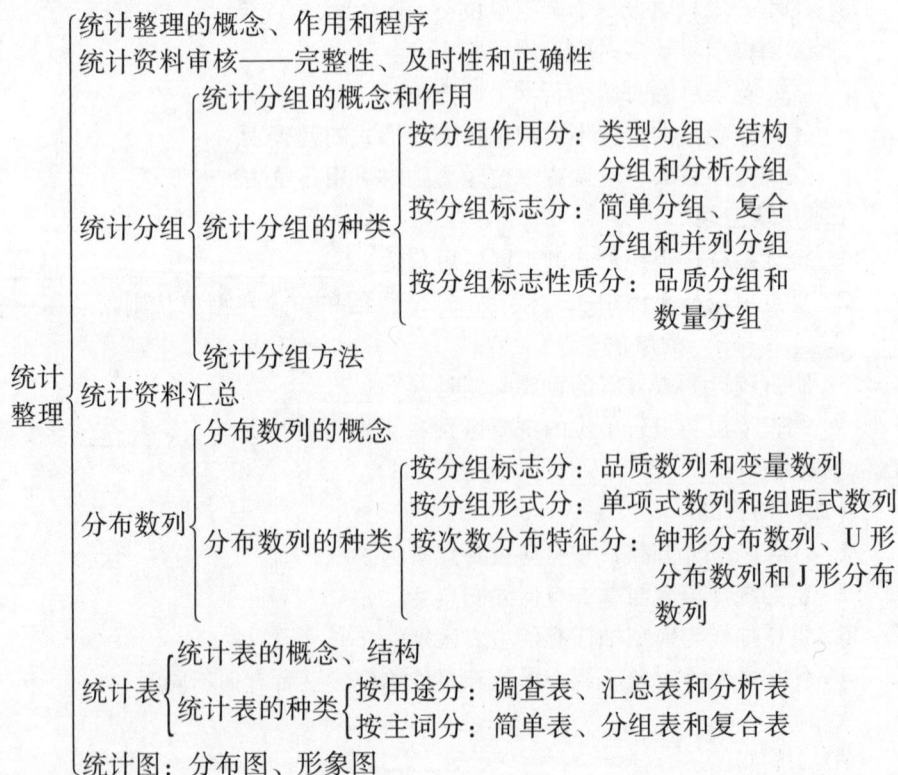

三、内容提示

- 统计整理
  - 统计整理的概念、作用和程序
  - 统计资料审核——完整性、及时性和正确性
  - 统计分组
    - 统计分组的概念和作用
    - 统计分组的种类
      - 按分组作用分：类型分组、结构分组和分析分组
      - 按分组标志分：简单分组、复合分组和并列分组
      - 按分组标志性质分：品质分组和数量分组
    - 统计分组方法
  - 统计资料汇总
  - 分布数列
    - 分布数列的概念
    - 分布数列的种类
      - 按分组标志分：品质数列和变量数列
      - 按分组形式分：单项式数列和组距式数列
      - 按次数分布特征分：钟形分布数列、U形分布数列和J形分布数列
  - 统计表
    - 统计表的概念、结构
    - 统计表的种类
      - 按用途分：调查表、汇总表和分析表
      - 按主词分：简单表、分组表和复合表
  - 统计图：分布图、形象图

四、思考题与解答要点

1. 解释下列统计整理中的基本概念：

（1）统计分组与统计资料汇总。

答：根据社会经济现象的特点和统计研究的目的要求，按照某种重要标志把总体分成若干部分的科学分类，称为统计分组。

在统计分组的基础上，将统计资料归并到各组中去，并计算各组和总体的合计数（包括总体总量和标志总量）的工作过程，称为统计资料汇总。

（2）次数分布与变量数列。

答：次数分布也称分布数列，它是在统计分组的基础上所形成的总体单位在各组的分布。它由两个要素组成：一是总体分组；二是各组所对应的分布次数。要同时具备这两个要素才成为分布数列。

变量数列是按数量标志分组所形成的分布数列，由各组变量和次数两个要素组成。

（3）频数与频率。

答：频数是指分布数列中各组的次数。

频率是指各组次数占总体单位总数的比重。

（4）全距与组距。

答：全距是总体的所有数据中最大标志值与最小标志值之差。

组距是各组的最大标志值(上限)与最小标志值(下限)之差。

（5）组限与组中值。

答：组限是指各组两端的数值，其中起点值（最小值）为下限，终点值（最大值）为上限。

组中值是各组上下限之间的中点值，它代表各组标志值的一般水平，具有平均数的性质。

2. 什么是统计整理？它分为哪几个步骤？

答：统计整理是指根据统计研究的目的要求，对统计调查所取得的各项资料进行科学的分组和汇总的工作过程。通过统计整理，要得出能说明总体特征的综合数字资料，为统计分析提供基础和前提条件。

统计整理通常分为四个步骤：

（1）对调查资料进行全面审核和订正；

（2）根据研究的目的要求和统计分析的需要，选择分组标志和整理指标，进行具体分组；

（3）对各项资料进行汇总，计算出反映各组和总体数量特征的各种指标；

（4）编制统计图表，表述整理的结果。

3. 统计分组有什么作用？如何正确选择分组标志？

答：统计分组有三大作用：①划分社会现象的不同类型；②揭示社会现象的

内部结构；③分析社会现象之间的依存关系。

要正确选择分组标志，应做到：①根据统计研究的目的和要求选择分组标志；②抓住反映现象本质的主要标志；③考虑现象所处的具体历史条件。

4. 试述单项式分组和组距式分组的应用场合。

答：对变动范围不大的离散型变量，宜采用单项式分组；连续型变量、变动范围大且变量值多的离散型变量，则宜采用组距式分组。

5. 什么是简单分组和复合分组？两者有何区别？复合分组是否优于简单分组？

答：简单分组就是对总体只按一个标志进行分组；复合分组则是对总体按两个或两个以上的标志进行重叠式分组，是在按某一标志分组的基础上再按另一标志进一步分组。

两种分组的区别主要是分组标志的多少和分组的程度。

不能笼统地说复合分组就优于简单分组。不同分组适合于不同的研究目的和对象。复合分组有它的优点，即它可以从对同一现象的层层分组和分组标志的联系中，更深入全面地研究总体各个方面的内部结构。但是，采用复合分组时，组数会随分组标志的增加而成倍增加，同时各组包括的单位数相应减少，因而弄不好就会成为“粗活细干”，不利于分析问题。所以说，不是任何统计对象都可采用复合分组。对总体较小、研究目的单一的统计对象，采用简单分组更合适，采用复合分组反而不好说明问题。

6. 现象的分布特征有哪几种形式？

答：现象的分布特征主要有钟形分布、U形分布和J形分布三种。

7. 怎样绘制简单次数分布图？

答：简单次数分布图的绘制因单项式数列和组距式数列而有所不同。单项式数列分布图的绘制较简单，是以变量为横轴，以次数为纵轴，在坐标上描出各组的变量值和相应的次数所对应的坐标点，并用折线连接各坐标点，即成分布曲线（折线）图。

组距式数列次数分布图则有直方图和曲线图两种，曲线图是在直方图的基础上绘制的。其基本绘制方法如下：

（1）以横轴代表变量，并在上面标出各组组限值所在位置；以纵轴代表次数，并按需要标出各组次数所在位置。

（2）以各组组距为宽，以各组次数（若为不等距数列，则以标准组距次数）为高，绘出各组所对应的直方图。各个直方图并在一起，就成为简单次数分布的直方图。

（3）将直方图上端的中点（即各组中值与次数的交点）连成一条折线，就形成分布曲线（折线）图。

8. 为何要编制累计次数分布？它有哪几种？有何特殊作用？

答：累计次数分布，指每个变量组出现的累计次数，以及在整个数列中累计次数分布的规律。累计次数分布有向上累计和向下累计两种。

之所以要编制累计次数分布，是因为累计次数分布在经济分析中有其本身的作用：

（1）可以表明各组变量在该组上限值以下或下限值以上的次数或频率共有多少。

（2）按累计次数绘制出次数分布图，可较直观地体现中位数的近似值。

（3）借助各组标志值占总体标志总量的比重累计数，可以图示集中曲线，表示社会经济现象的集中水平。

9. 什么是统计表？试述统计表的结构及种类。

答：统计表是集中而有序地显示统计资料的表格，它是表现统计资料和积累统计资料的基本手段。

统计表的结构，从组成因素上看，由标题、横行与纵栏、数字资料三部分组成；从表的内容上看，由主词和宾词两部分组成。

统计表的种类从不同角度来看有不同分法：按用途不同可分为调查表、汇总表和分析表三种；按主词的分组情况不同可分为简单表、分组表和复合表三种。

10. 统计图有何功能？如何绘制？

答：统计图，指具体显示统计资料的图形。统计图按其主体功能主要归为两大类：分布图和形象图。

（1）分布图，主要用来展现统计资料所描述的次数分布和类型特征，常用的图形有直方图、折线图、曲线图和累计曲线图。具体绘制参见教材，此处略。

（2）形象图，主要用来展现统计资料所描述的数量多少、速度快慢和结构特征等，常用的图形有物形图、饼形图、柱形图和标示图。具体绘制参见教材，此处略。

五、习题与解答

1. 有20个工人看管机器，台数资料如下：2、2、5、4、2、4、3、4、3、4、4、2、4、3、4、5、3、4、4、3。试根据资料编制分布数列。

解：本题的变量属于变量值变动不大的离散型变量，故采用单项式分组编制分布数列，具体如下表所示：

看管机器台数（台）	工人数（人）
2	4
3	5
4	9
5	2
合计	20

2. 对某厂50个计件工人某月份工资进行登记，获得以下原始资料（单位：元）：

1 465	1 760	1 985	2 270	2 980	1 375	1 735	1 940	2 220	2 670
1 405	1 755	1 965	2 240	2 820	1 295	1 645	1 880	2 110	2 550
1 355	1 710	1 910	2 190	2 600	1 265	1 625	1 865	2 095	2 520
1 225	1 605	1 845	2 040	2 430	1 175	1 595	1 835	2 030	2 370
1 000	1 535	1 810	2 010	2 290	1 125	1 575	1 815	2 030	2 320

要求：（1）分别根据组距为100元、200元、300元编制分布数列，并比较按哪种组距分组的分布数列更为合适；（2）按你认为最合适的分布数列，计算相应的组中值、频率和累计次数，并绘制简单次数分布图。

解：（1）组距为100元、200元、300元的分布数列分别见下表。

组距100元				组距200元	
月工资（元）	工人数（人）	月工资（元）	工人数（人）	月工资（元）	工人数（人）
1 000～1 100	1	2 000～2 100	5	1 000～1 200	3
1 100～1 200	2	2 100～2 200	2	1 200～1 400	5
1 200～1 300	3	2 200～2 300	4	1 400～1 600	5
1 300～1 400	2	2 300～2 400	2	1 600～1 800	7
1 400～1 500	2	2 400～2 500	1	1 800～2 000	10
1 500～1 600	3	2 500～2 600	2	2 000～2 200	7
1 600～1 700	3	2 600～2 700	2	2 200～2 400	6
1 700～1 800	4	2 700～2 800	0	2 400～2 600	3
1 800～1 900	6	2 800～2 900	1	2 600～2 800	2
1 900～2 000	4	2 900～3 000	1	2 800～3 000	2
合计			50	合计	50

组距 300 元		组中值	频率（%）	向上累计次数（次）	向下累计次数（次）
月工资（元）	工人数（人）				
1 000 ~ 1 300	6	1 150	12	6	50
1 300 ~ 1 600	7	1 450	14	13	44
1 600 ~ 1 900	13	1 750	26	26	37
1 900 ~ 2 200	11	2 050	22	37	24
2 200 ~ 2 500	7	2 350	14	44	13
2 500 ~ 2 800	4	2 650	8	48	6
2 800 ~ 3 100	2	2 950	4	50	2
合计	50		100		

注：向上累计亦叫以下累计，向下累计亦叫以上累计。

从表中数字可以看出，当组距为 100 元时，组数太多，各组单位数分散，看不出规律性；当组距为 200 元时，总体规律性（中等水平收入的人居多，低工资和高工资的人数较少）开始显现，但仍不够明显；当组距为 300 元时，总体分布规律就很明显了，故以组距 300 元来编制分布数列最为合适。

（2）要求计算的各个数字见上表。简单次数分布图如下图所示。

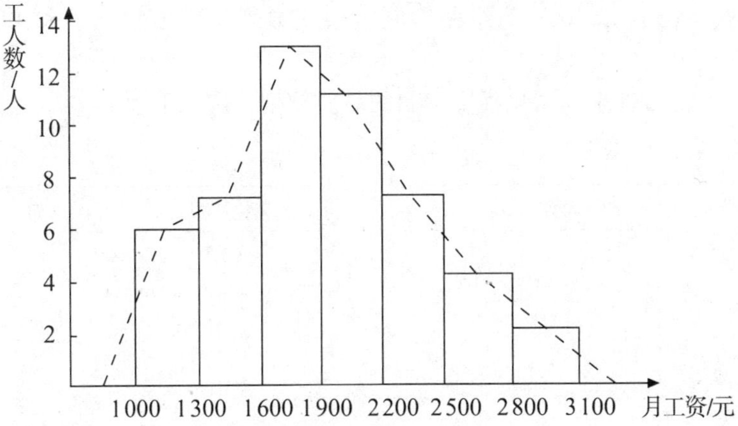

3. 已知一组 15 名工人的资料如下表所示。

工人编号	性别	年龄	文化程度	技术级别
1	男	52	文盲	6
2	男	30	初中	3
3	男	19	初中	2
4	男	46	高中	4
5	女	47	小学	4
6	男	34	小学	2
7	女	22	初中	3
8	男	31	高中	5
9	男	55	高中	3
10	男	32	初中	5
11	女	49	中专	4
12	男	34	初中	4
13	男	34	初中	4
14	男	61	中技	7
15	男	36	初中	4

要求：（1）按性别和文化程度分别编制品质数列；（2）按技术级别编制单项式数列；（3）以 10 岁为组距编制组距式数列，20 岁以下、60 岁以上各为一组。

解：（1）按性别和文化程度编制的品质数列分别见下表。

性别	人数（人）
男	12
女	3
合计	15

文化程度	人数（人）
文盲	1
小学	2
初中	7
高中	3
中专	1
中技	1
合计	15

（2）按技术级别编制的单项式数列见下表。

（3）按年龄编制的组距式数列见下表。

技术级别	人数（人）
2	2
3	3
4	6
5	2
6	1
7	1
合计	15

年龄	人数（人）
20 岁以下	1
20～30 岁	1
30～40 岁	7
40～50 岁	3
50～60 岁	2
60 岁以上	1
合计	15

4. 根据某厂工人计件月工资和加工定额的资料（见下表），按完成加工定额（%），以组距为 20% 编制等距数列，计算各组工人数、工资总额和平均工资，分析工人完成加工定额和计件月工资之间的相互关系。

工人顺序号	完成加工定额（%）	月工资（元）	工人顺序号	完成加工定额（%）	月工资（元）	工人顺序号	完成加工定额（%）	月工资（元）
1	200	1 950	11	133	1 115	21	126	1 075
2	180	1 680	12	190	1 680	22	190	1 760
3	140	1 145	13	151	1 300	23	145	1 145
4	191	1 720	14	147	1 155	24	148	1 195
5	125	1 105	15	148	1 115	25	110	805
6	97	755	16	86	685	26	102	855
7	89	705	17	82	705	27	105	920
8	150	1 185	18	170	1 500	28	127	1 140
9	128	1 155	19	135	1 105	29	130	1 090
10	108	1 175	20	137	1 170	30	149	1 200

解：全距 = 200% − 80% = 120%，要求组距为 20%，则组数为 120% ÷ 20% = 6。

为编制数列，可先将资料按完成加工定额的百分数从小到大排列，并画记号归类，然后制出等距分布数列（按上限在内下限不在内的原则编制），如下表所示。

按完成加工定额分组(%)	工人数(人)	工资总额(元)	月平均工资(元)
80 ~ 100	4	2 850	712.50
100 ~ 120	4	3 755	938.75
120 ~ 140	9	10 100	1 122.22
140 ~ 160	7	8 295	1 185.00
160 ~ 180	2	3 180	1 590.00
180 ~ 200	4	7 110	1 777.50
合计	30	35 290	1 176.33

表中数字说明，随着工人完成加工定额的增加，月平均计件工资也相应提高。

5. 某机械局所属各拖拉机厂某月生产情况见下表。要求按产品类型和马力作复合分组，编制分布数列，分别计算履带式和轮胎式拖拉机的混合产量和标准实物量（以15匹马力为标准单位）。

厂别	产品类型	每台马力数（匹）	产量（台）
1	履带式	36	75
	履带式	18	105
	轮胎式	28	400
2	履带式	75	85
	轮胎式	15	94
	轮胎式	12	150
3	履带式	45	40
	履带式	75	25
	轮胎式	24	50

解：依题意所编制的分布数列见下表。其中标准产量 = 产量 × 折算系数 = 产量 $\times \dfrac{\text{每台马力数}}{\text{15 匹马力}}$。

按产品类型与马力分组	产量（台）	折算系数	标准产量（台）
1. 履带式	330		976
其中：18 匹马力	105	1.2	126
36 匹马力	75	2.4	180
45 匹马力	40	3.0	120
75 匹马力	110	5.0	550
2. 轮胎式	694		1 042
其中：12 匹马力	150	0.8	120
15 匹马力	94	1.0	94
24 匹马力	50	1.6	80
28 匹马力	400	1.87	748
合计	1 024		2 018

六、综合自测题

（一）判断题

1. 在等距数列中，组距的大小与组数的多少成反比。（　　）
2. 两个简单分组并列起来就是复合分组。（　　）
3. 在确定组限时，最小组的下限应高于最小变量值。（　　）
4. 组中值是各组的实际平均数的近似代表值，因此，用组中值来计算总平均数，只是一个近似值。（　　）
5. 区分简单分组与复合分组的根据是分组对象的复杂程度。（　　）

（二）单项选择题

1. 某连续变量，其末组为开口组，下限为 500；又知其邻组的组中值为 480，则其末组的组中值为(　　)。

①490　②500　③510　④520

2. 对总体进行分组时，采用等距数列还是异距数列，取决于(　　)。

①次数的多少　②变量的大小
③组数的多少　④现象的性质和研究的目的

3. 频数密度是(　　)。

①组距 ÷ 次数
②单位组距内分布的次数
③平均每组组内分布的次数
④平均每组组内分布的频率

4. 区分简单分组与复合分组的根据是(　　)。

①分组对象的复杂程度　②分组数目的多少

③分组标志的多少　　④研究目的和对象

5. 选择简单分组与复合分组的根据是(　　)。

①分组对象的复杂程度　　②分组数目的多少

③分组标志的多少　　④研究目的和对象

6. 并列分组与复合分组的主要区别在于(　　)。

①分组标志的多少不一样　　②分组数目的多少不同

③分组的方式不一样　　④研究目的和对象不同

7. 主词按某一标志进行分组的统计表称为(　　)。

①简单表　②分组表　③复合表　④调查表

8. 主词按时间顺序排列的统计表称为(　　)。

①简单表　②分组表　③复合表　④时间表

（三）多项选择题

1. 正确的统计分组应做到(　　)。

①组间有差异　　②各组等距

③组内属同质　　④组限不重叠

⑤不出现开口组

2. 计算某组标准组距次数应具备的已知条件为(　　)。

①某组的实际次数　　②标准组距

③某组的组中值　　④某组组距

⑤累计次数分布

3. 影响次数分布的要素有(　　)。

①组距　　②组数

③组限　　④分组标志

⑤次数

4. 统计分组的关键在于(　　)。

①划分数量标志与品质标志

②选择分组标志

③设立统计分组体系

④尽可能采用复合分组

⑤划分各组界限

5. 在对全部企业按所有制分组的基础上，再按职工人数分组，这属于(　　)。

①简单分组

②平行分组体系

③复合分组

④按一个品质标志和一个数量标志进行的重叠式分组

⑤对资料的再分组

6. 采用等距分组还是不等距分组，主要取决于(　　)。
①统计研究的目的　　②现象本身的特点
③组距大小　　④组数多少
⑤变量的类型

7. 采用单项式分组还是组距式分组，主要取决于(　　)。
①变量的类型　　②变量变动的幅度
③统计研究的目的　　④现象的属性特征
⑤变量值的多少

8. 计算次数密度是为了(　　)。
①公式化地反映各组单位组距内的次数
②对不等距数列的次数分布进行调整
③进一步修匀等距数列中的次数分布
④计算出标准组距次数
⑤把异距分组的组距改为相等后，次数也作相应的调整

（四）填空题

1. 统计整理是根据统计研究的目的要求，对统计调查所取得的各项资料进行科学的__________和__________的工作过程。

2. 统计整理的全过程包括对统计资料的审核、分组、__________和__________四个环节。

3. 统计整理是______________的继续，又是______________的基础，起着承前启后的作用。

4. 统计分组的结果，使同组的个体单位之间具有__________，不同组的个体单位之间具有__________。

5. 统计分组的关键在于正确选择__________和划分各组界限。

6. 在统计表中，反映总体及其分组的标目称为__________，用来说明总体和各组状况的标目称为__________。

（五）简答题

1. 什么是统计整理？它有何作用？
2. 什么是统计分组？它有何作用？
3. 什么是分组标志？如何正确选择分组标志？
4. 什么是变量数列？变量数列有哪几种？

第四章　总量指标和相对指标

一、学习目的与要求

通过对本章的学习，使读者明确总量指标和相对指标的概念与种类，掌握各种相对指标的计算方法，了解总量指标和相对指标运用的原则。

二、学习重点与难点

本章的学习重点是各种相对指标的计算；难点是计划完成相对指标的计算。

三、内容提示

- 总量指标和相对指标
  - 总量指标
    - 概念
    - 种类
      - 按内容分：总体总量和标志总量
      - 按时间状态分：时期指标和时点指标
      - 按计量单位分：实物指标、价值指标和劳动量指标
    - 应用原则
  - 相对指标
    - 概念
    - 种类
      - 计划完成相对数
      - 结构相对数
      - 比例相对数
      - 比较相对数
      - 动态相对数
      - 强度相对数
    - 应用原则

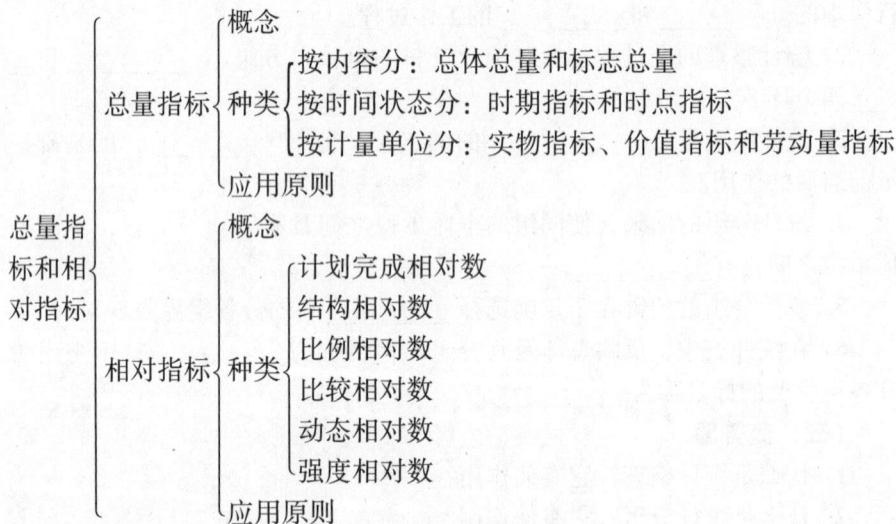

四、思考题与解答要点

1. 什么是总量指标？它有什么作用？

答：总量指标是反映社会经济现象在一定时间、地点条件下所达到的总规模、总水平或工作总量的综合指标，又叫绝对指标。

总量指标的主要作用：①是用来反映一个国家、一个地区或一个企业人力、物力、财力状况和加强宏观经济管理与企业经济核算的基本指标；②是用以计算相对指标和平均指标的基础指标。

2. 什么是总体总量和标志总量？

答：总体总量即总体单位数，它是由每个总体单位加总而得到的。它可以反映总体规模的大小。

标志总量是指总体各单位某一数量标志值的总和，它可以反映总体的规模和水平。

一个总量指标到底属于总体总量还是标志总量，并不是固定不变的，它随着研究目的的不同而变化。研究目的变了，总体和总体单位、总体总量和标志总量就会随之变化。

3. 什么是时期指标和时点指标？它们各有什么特点？

答：时期指标也称为时期数，它反映社会经济现象在一段时期内所达到的总规模、总水平或工作总量。它有两个特点：①时期指标可以累计相加；②时期指标数值的大小与时期的长短密切相关。

时点指标也称为时点数，它反映社会经济现象在某一时点（时刻）所达到的数量状态。它有两个特点：①各时点指标不能累计相加；②时点指标数值的大小与时期长短无直接的关系。

4. 什么是相对指标？它有哪些作用？

答：相对指标是两个有联系的统计指标进行对比的比值，也称为相对数。其作用是：①说明社会经济现象之间的数量对比关系；②把社会经济现象的绝对差异抽象化，使原来不能直接对比的统计指标可以进行对比。

5. 相对指标有哪几种？

答：根据统计研究的目的和任务的不同，相对指标可分为计划完成相对数、结构相对数、比例相对数、比较相对数、动态相对数和强度相对数六种。

计划完成相对数是计划期内实际完成数与计划数对比的比值。

结构相对数是总体中某部分数值与该总体数值对比的比值。

比例相对数是同一总体某一部分数值与另一部分数值对比的比值。

比较相对数是同一时间的同类指标在不同空间对比的比值。

动态相对数是某一社会经济现象在不同时期两个数值对比的比率。

强度相对数是两个性质不同而又有联系的指标对比的比率。

6. 如何计算、分析与评价计划完成程度？

答：计划完成相对数是计划期内实际完成数与计划数对比的比值。其计算公式为：

$$计划完成相对数=\frac{实际完成数}{计划数}\times 100\%$$

评价一项指标是否完成了计划，完成的程度如何，要具体情况具体分析，要根据指标的不同性质分别加以确定。对于计划数以最低限额提出的反映收益、产出的指标，如产品产量、产值、销售额、利润额等，其计划完成相对数越大，表示计划完成程度越高；对于计划数以最高限额提出的反映成本、消耗的指标，如单位产品成本、商品流通费用等，其计划完成相对数越小，表示计划完成程度越高。

7. 检查中长期计划有哪两种方法？

答：检查中长期计划有水平法和累计法两种。前者是把计划期末实际完成数与同期计划规定数对比来计算计划完成相对数的方法；后者是把计划内各期累计实际完成数与同期计划规定的累计数对比来计算计划完成相对数的方法。

8. 如何区分强度相对数的正指标和逆指标？

答：强度相对数是两个性质不同而又有联系的指标对比的比率。它反映现象的强度、密度和普及程度，是一种特殊形式的相对数。

强度相对数有正指标和逆指标之分。正指标的数值大小与其反映的强度、密度和普及程度成正比，逆指标的数值大小与其反映的强度、密度和普及程度成反比。

9. 计算和运用相对指标要遵循哪些原则？

答：计算和运用相对指标要遵循的原则有：①两个对比指标要有可比性；②要与总量指标结合运用；③各种相对指标要结合运用。

10. 试指出下列指标是总量指标（具体指明是时期指标还是时点指标）还是相对指标（具体指明是哪一种相对数）。

答：①外汇储备额（时期指标）；②居民住房面积（时点指标）；③国民收入积累与消费比（比例相对数）；④资金周转速度（强度相对数）；⑤旅游入境人数（时期指标）；⑥居民银行存款余额（时点指标）；⑦森林覆盖率（结构相对数）；⑧每百户家庭电话拥有量（强度相对数）；⑨商品库存额（时点指标）；⑩恩格尔系数（结构相对数）；⑪资金利润率（强度相对数）；⑫适龄儿童入学率（结构相对数）。

五、习题与解答

1. 某厂计划产值比上年提高5%，实际提高7%，则该厂计划完成相对数为多少？

解：$$\text{计划完成相对数}=\frac{1+7\%}{1+5\%}=101.9\%$$

计算结果说明，该厂产值计划完成相对数为101.9%，超额完成了计划。

2. 某厂产值计划为去年的103%，实际比去年增长5%，试问该厂计划完成相对数是多少？又知该厂的产品每台成本应在去年699元的水平上降低12元，今年实际成本为672元，试确定降低成本计划完成情况指标。

解：$$\text{产值计划完成相对数}=\frac{1+5\%}{103\%}=101.94\%$$

$$\text{成本降低计划完成相对数}=\frac{672}{699-12}=97.82\%$$

计算结果说明，该厂超额完成了产值计划和成本降低计划。

3. 某工业公司所属三个厂生产情况如下表所示，试填写空格中的数字。

单位：吨

工厂	2015 年实际产量	2016 年产量		计划完成百分数（%）	2016 年实际产量为 2015 年的百分数（%）
		计划产量	实际产量		
甲	1 950	2 000	2 200		
乙	2 020	2 204	1 998		
丙	2 950	3 010	3 035		

解：

单位：吨

工厂	2015 年实际产量	2016 年产量		计划完成百分数（%）	2016 年实际产量为 2015 年的百分数（%）
		计划产量	实际产量		
甲	1 950	2 000	2 200	110	112. 82
乙	2 020	2 204	1 998	90. 65	98. 91
丙	2 950	3 010	3 035	100. 83	102. 88

4. 某市某“五年计划”规定，计划期最末一年 A 产品产量应达到 70 万吨，实际生产情况如下表所示：

单位：万吨

时间	第一年	第二年	第三年		第四年				第五年			
			上半年	下半年	第一季度	第二季度	第三季度	第四季度	第一季度	第二季度	第三季度	第四季度
产量	45	48	25	27	16	16	18	17	18	20	23	25

（1）试计算该市五年计划最末一年 A 产品产量计划完成程度和提前完成时间。

（2）若该市五年计划规定，五年 A 产品产量累计应达到 240 万吨，试求该市五年计划累计计划完成程度和提前完成时间。

解：(1) 最末一年A产品产量计划完成相对数 $=\dfrac{\text{计划期末年实达水平}}{\text{计划期末年应达水平}}$

$$=\frac{18+20+23+25}{70}$$

$$=\frac{86}{70}=122.86\%$$

从第四年第三季度至第五年第二季度产量之和为：18+17+18+20=73（万吨）。比计划数多3万吨，则：

提前完成计划时间 =（计划期月数 − 实际完成月数）+ $\dfrac{\text{超额完成计划数}}{(\text{达标季产量}-\text{上年同季产量})/90\text{天}}$

$$=(60-54)+\frac{3}{(20-16)/90}=6\text{个月零}68\text{天}$$

(2) 累计五年A产品产量计划完成相对数 $=\dfrac{\text{计划期累计实际完成数}}{\text{同期计划规定的累计数}}$

$$=\frac{298}{240}=124.17\%$$

从第一年至第五年第二季度产量之和为：45+48+25+27+16+16+18+17+18+20=250（万吨），比五年计划数累计数240万吨多10万吨，则：

提前完成计划时间 =（计划期月数 − 实际完成月数）+ $\dfrac{\text{超额完成计划数}}{\text{超额季完成数}/90\text{天}}$

$$=(60-54)+\frac{10}{20/90}=6\text{个月零}45\text{天}$$

六、综合自测题

（一）判断题

1. 以最低限额为任务提出的计划指标，计划完成程度以不超过100%为好。（　　）
2. 全国人均国民生产总值，属于强度相对数。（　　）
3. 标志总量是指总体单位某一数量标志值的总和。（　　）
4. 在计算相对指标时，分子、分母可以互换的唯一相对指标是强度相对数。（　　）
5. 某企业工人劳动生产率，计划提高5%，实际提高10%，则劳动生产率的计划完成程度为104.76%。（　　）

（二）单项选择题

1. 某种商品的年末库存额是(　　)。

①时期指标和实物指标　　②时点指标和实物指标

③时期指标和价值指标　　④时点指标和价值指标

2. 绝对指标的基本特点是计量单位都是(　　)。

①无名数　　②有名数

③复名数　　④无名数和有名数

3. 相对指标数值的表现形式是(　　)。

①无名数　　②有名数

③复名数　　④无名数和有名数

4. 相对指标数值的大小(　　)。

①随总体范围扩大而增大　　②随总体范围扩大而减小

③随总体范围缩小而减小　　④与总体范围大小无关

5. 人口自然增长率，属于(　　)。

①结构相对数　　②比较相对数

③强度相对数　　④比例相对数

（三）多项选择题

1. 下列指标中属于时点指标的有(　　)。

①年末职工人数　　②年初职工人数

③月末设备台数　　④年国民生产总值

⑤月销售额

2. 下列指标中，属于强度相对数的指标有(　　)。

①人均国内生产总值　　②人口密度

③人均粮食产量　　④人均粮食消费量

⑤人口自然增长率

3. 时点指标的数值(　　)。

①可以连续计量

②反映现象在某一时刻上状况的总量

③只能间断计数

④其大小与时间长短成正比

⑤直接相加没有独立的实际意义

4. 时期指标的数值(　　)。

①可以连续计量

②反映现象在某一时期内状况的总量

③相邻两时期指标有可加性

④其数值大小与时间长短相关

⑤有时可以间断计量，一般是连续计量

5. 计算相对指标的可比性原则大致可归纳为(　　)。

①时间、空间可比　　②计量单位可比

③价格可比　　④计划与统计的口径可比

⑤计算过程可比

6. 在计算相对指标时，分子、分母可以互换的相对指标是(　　)。

①计划完成相对数　　②动态相对数　　③比例相对数

④强度相对数　　⑤结构相对数

7. 相对数的表现形式可以是(　　)。

①小数　　②百分数　　③千分数

④倍数　　⑤学名数

8. 总量指标与相对指标的关系，表现为(　　)。

①相对指标是计算总量指标的基础

②总量指标是计算相对指标的基础

③相对指标与总量指标可结合运用

④相对指标能补充总量指标的不足

⑤相对指标能表明总量指标间的对比关系

（四）填空题

1. 按总体内容不同，总量指标可以分为________和________。

2. 按所反映的时间不同，总量指标可以分为________和________。

3. 总量指标的计量单位归纳起来可以分为三种，即实物单位、________和________。

4. 强度相对数是两个________指标对比的比率。

5. 总量指标是计算________指标和________指标的基础。

6. 检查中长期计划的完成情况，有________和________两种检查方法。

7. ________相对数通常用复合计量单位表示。

（五）简答题

1. 什么是时期指标和时点指标？两者有何不同？

2. 什么是相对指标？它有哪些种类？

3. 强度相对数与比较相对数有何不同？

4. 试述结构相对数、比例相对数和比较相对数的主要区别。

5. 某糖烟酒公司门市部五月份因保管不善，卷烟发霉。甲门市部10箱发霉3箱，乙门市部50箱发霉6箱，丙门市部200箱发霉20箱。相比较丙门市部问题最严重，这种说法对吗？为什么？

6. 某厂甲、乙两个车间开展优质高产竞赛活动。甲车间的产量超过乙车间产量的1倍，但在两车间废品总量中，甲车间却占了60%，所以在产品质量方面，甲车间不如乙车间好。这种评价对吗？为什么？

7. 某省统计局为了加强统计技能培训，对参加全省《统计学》电视讲座考试的各个厅局，提出两个70%的达标要求，即参加学习的人必须有70%以上参加考试，参加考试的人必须有70%以上及格，并拟对最高达标厅局进行表彰和奖励。这种提法是否正确？为什么？应如何科学地设计达标要求？

8. 某份企业统计分析报告中写道：“我厂今年销售收入计划规定 5 000 万元，实际完成了 5 100 万元，超额完成计划 2%；销售利润率计划规定 8%，实际为 12%，超额完成计划 4%；劳动生产率计划规定比去年提高 5%，实际比去年提高 5.5%，超额完成计划 10%；产品单位成本计划规定比去年下降 3%，实际比去年下降 2.5%，实际比计划多下降 0.5%。”

指出上述分析报告中哪些指标计算有错误，并将其改正过来。

9. 试指出下列指标是总量指标（具体指明是时期指标或时点指标）、相对指标（具体指明是哪一种相对数），还是平均指标。

（1）国内生产总值；（2）职工人数；（3）商品销售总额；（4）新增人口数；（5）净增人口数；（6）人口自然增长率；（7）人口密度；（8）商业网点密度；（9）全国人均国内生产总值；（10）全国人均粮食产量；（11）全国人均粮食消费量；（12）全国人均钢铁产量；（13）武汉钢铁厂职工人均钢铁产量；（14）某市人均住房面积；（15）某企业劳动生产率。

（六）计算题

1. 某厂今年计划产值1 080万元，计划完成 110%；今年产值计划比去年增长 8%。试计算该厂实际产值今年比去年增长百分之几？

2. 某厂某产品产量计划增长 8%，实际比去年增长 12%，试问该厂产量计划完成相对数是多少？若该厂的产品每台成本计划在去年的基础上降低 10%，实际降低 8%，试计算该厂产品成本计划完成相对数。又知该厂产品去年每台成本 1 000 元，每台出厂价为 1 300 元，销售量为 12 万台，假如今年该产品出厂价不变，实际生产的产品全部销售，试计算该厂今年该产品利润计划完成相对数，并对该厂的经济效益进行分析。

3. 某企业有关资料如下表所示。

单位：万吨

时间	第一年	第二年	第三年		第四年				第五年			
			上半年	下半年	第一季度	第二季度	第三季度	第四季度	第一季度	第二季度	第三季度	第四季度
实际产量	116	120	60	62	30	36	40	44	42	46	48	52

（1）若五年计划规定最末一年产量应达 170 万吨，求五年计划完成程度和提前完成计划时间。

（2）若五年计划规定五年产量应达 640 万吨，求五年计划完成程度和提前完成计划时间。

第五章　平均指标与变异度指标

一、学习目的与要求

通过对本章的学习，使读者明确平均指标与变异度指标的概念、特点和作用，掌握各种平均数与变异度指标的计算方法和应用条件，了解计算和应用平均数的原则，以及几种平均数的关系。

二、学习重点与难点

本章的学习重点是算术平均数、调和平均数、标准差和离散系数的计算；难点是众数、中位数、偏度和峰度的计算，以及由相对数或平均数求总体平均数时权数的选择。

三、内容提示

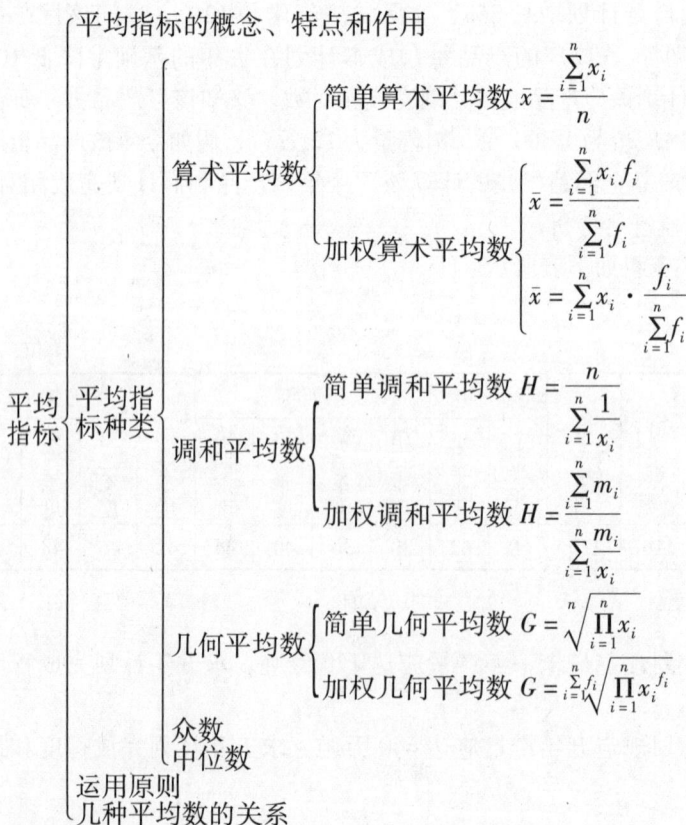

- 平均指标
  - 平均指标的概念、特点和作用
  - 平均指标种类
    - 算术平均数
      - 简单算术平均数 $\bar{x}=\dfrac{\sum_{i=1}^{n}x_i}{n}$
      - 加权算术平均数
        - $\bar{x}=\dfrac{\sum_{i=1}^{n}x_i f_i}{\sum_{i=1}^{n}f_i}$
        - $\bar{x}=\sum_{i=1}^{n}x_i\cdot\dfrac{f_i}{\sum_{i=1}^{n}f_i}$
    - 调和平均数
      - 简单调和平均数 $H=\dfrac{n}{\sum_{i=1}^{n}\dfrac{1}{x_i}}$
      - 加权调和平均数 $H=\dfrac{\sum_{i=1}^{n}m_i}{\sum_{i=1}^{n}\dfrac{m_i}{x_i}}$
    - 几何平均数
      - 简单几何平均数 $G=\sqrt[n]{\prod_{i=1}^{n}x_i}$
      - 加权几何平均数 $G=\sqrt[\sum_{i=1}^{n}f_i]{\prod_{i=1}^{n}x_i^{f_i}}$
    - 众数
    - 中位数
  - 运用原则
  - 几种平均数的关系

- 变异度指标
  - 变异度指标的概念、特点和作用
  - 变异度指标种类
    - 全距
      - 单项式数列 R = 最大标志值 − 最小标志值
      - 组距数列 R = 最高组上限 − 最低组下限
    - 四分位差
      - $Q_1 = \frac{n+1}{4}$
      - $Q_3 = \frac{3(n+1)}{4}$
      - $Q = Q_3 - Q_1$
    - 平均差
      - 简单平均式 $A.D. = \frac{\sum_{i=1}^{n} |x_i - \bar{x}|}{n}$
      - 加权平均式 $A.D. = \frac{\sum_{i=1}^{n} |x_i - \bar{x}| \cdot f_i}{\sum f_i}$
    - 标准差
      - 简单平均式 $\sigma = \sqrt{\frac{\sum_{i=1}^{n} (x_i - \bar{x})^2}{n}}$
      - 加权平均式 $\sigma = \sqrt{\frac{\sum_{i=1}^{n} (x_i - \bar{x})^2 f_i}{\sum_{i=1}^{n} f_i}}$
    - 离散系数 $V_\sigma = \frac{\sigma}{\bar{x}} \times 100\%$
    - 交替标志
      - 平均数 $\overline{x_p} = P$
      - 标准差 $\sigma_p = \sqrt{P(1-P)}$
    - 偏度与峰度

四、思考题与解答要点

1. 什么是平均指标？它有哪些特点？

答：平均指标是同质总体各单位某一数量标志在一定时间、地点、条件下所达到的一般水平，是总体的代表值。它有三个特点：①同质性。总体中的各个体单位必须是同质的，只有同质总体计算平均数，才有经济意义。②代表性。它反映总体各单位数量标志的一般水平，是总体的代表值，具有代表性。③抽象性。它把总体各单位标志值的差异抽象化了，因而具有抽象性，使人们看不到先进与落后的差别。

2. 为什么说平均数反映总体分布的集中趋势？

答：在次数分布数列中，多数变量值聚集于平均数周围，围绕平均数这个中心上下波动，所以平均数反映总体分布的集中趋势，是总体分布的重要特征值。

3. 算术平均数与强度相对数有何区别?

答：算术平均数与强度相对数都是两个统计指标对比的比值，计量单位往往都是复名数，但它们是两类性质不同的指标。两者的区别主要是：①性质不同。算术平均数是同一总体的标志总量与总体总量之比，其分子和分母有依附关系；强度相对数是两个不同总体总量之比，其分子和分母没有依附关系。②作用不同，算术平均数反映同质总体各单位标志值的一般水平；强度相对数反映的是某现象总体总量在另一有联系的总体范围内的关系程度和密集程度。

4. 什么是权数？其实质是什么?

答：权数是指变量值出现的次数或频率，它对平均数具有权衡轻重的作用。权数的实质就是总体的各组单位数占总体单位数的比重对平均数的影响。若各组单位数占总体单位数的比重相等，则权数的影响也就没有了。

5. 用组距数列计算算术平均数，其结果与用分组前的资料计算的结果是否相同？为什么?

答：一般情况下不相同。因为用组距数列计算算术平均数时，是以组中值为组内变量值的代表值，其假定条件是各单位变量值在本组范围内呈均匀分布或对称分布，即组中值等于组平均数。然而，这一条件在多数情况下得不到满足，所以，以组中值计算的算术平均数只能是一个近似值。

6. 在什么条件下采用简单算术平均数、加权算术平均数和加权调和平均数?

答：若根据未分组资料计算平均数，应采用简单算术平均数；若掌握分组的次数分配资料，应采用加权算术平均数；若在分组的资料中缺少权数（f）项，应采用加权算术平均数的变换式即加权调和平均数公式计算。

7. 几何平均数的运用条件是什么？怎样计算?

答：几何平均数一般适用于各变量值之间存在环比关系和等比关系的事物。根据未分组的资料，应用简单几何平均数；根据变量数列，则应用加权几何平均数。

8. 什么是众数和中位数？根据组距数列如何计算众数和中位数?

答：众数是总体中出现次数最多的标志值，以符号 M_0 表示；中位数则是位于总体中点位置的标志值，以符号 M_e 表示。

以组距数列求众数，需借助众数计算公式。众数计算公式有上限公式和下限公式两种。

（1）以众数所在组的组距上限为起点值，称上限公式：

$$M_0 = U - \frac{f - f_{+1}}{(f - f_{-1}) + (f - f_{+1})} \times i$$

（2）以众数所在组的组距下限为起点值，称下限公式：

$$M_0 = L + \frac{f - f_{-1}}{(f - f_{-1}) + (f - f_{+1})} \times i$$

式中：f 为众数所在组次数，f_{-1} 为众数所在组前一组的次数；f_{+1} 为众数所在组后一组的次数；L 为众数所在组的组距下限；U 为众数所在组的组距上限；i

为组距。

组距数列的中位数计算方法也有上限法和下限法两种。采用“以下累计”法确定中位数称为下限法，采用“以上累计”法确定中位数称为上限法。

上限法以中位数所在组的组距上限为起点值，计算公式为：

$$M_e = U - \frac{\frac{\sum_{i=1}^{n} f_i}{2} - S_{m+1}}{f_m} \times i$$

下限法以中位数所在组的组距下限为起点值，计算公式为：

$$M_e = L + \frac{\frac{\sum_{i=1}^{n} f_i}{2} - S_{m-1}}{f_m} \times i$$

式中：L 为中位数所在组的组距下限；U 为中位数所在组的组距上限；S_{m-1} 为中位数所在组前面各组的累计次数；S_{m+1} 为中位数所在组后面各组的累计次数；f_m 为中位数所在组的次数；i 为中位数所在组的组距。

9. 算术平均数有哪些数学性质？如何应用这些数学性质？

答：算术平均数有以下几方面的数学性质：

（1）若每一个变量值 x 加减一个任意常数 a，则平均数也加减一个 a；

（2）若每一个变量值 x 乘以一个任意常数 a，则平均数也乘以一个 a；

（3）若每个变量值 x 除以一个任意常数 a，则平均数也除以一个 a。

（4）各个变量值 x 与算术平均数 $\bar{x}$ 的离差和为零；

（5）各个变量值 x 与算术平均数 $\bar{x}$ 的离差平方和为最小值，即要比以不等于 $\bar{x}$ 的 A 为任意常数计算的离差平方和小一个常数项 nc^2 或 $c^2\sum f$。

应用平均数的数学性质，可简化平均数的计算。

10. 算术平均数、中位数、众数这三者之间有什么数量关系？

答：在正态分布的情况下，算术平均数、中位数、众数三者完全相等，即 $\bar{x} = M_e = M_0$；在右偏分布的情况下，有 $M_0 < M_e < \bar{x}$；在左偏分布的情况下，则有 $\bar{x} < M_e < M_0$。不论右偏还是左偏，中位数总是位于算术平均数与众数之间。根据皮尔逊的经验公式，三者之间有下列关系：$\bar{x} - M_0 = 3(\bar{x} - M_e)$。

11. 什么是变异度指标？它有何作用？

答：变异度指标是用来说明总体各单位标志值及其分布的差异程度的综合指标，也称为标志变动度指标。

变异度指标有下列作用：①衡量平均指标的代表性；②反映社会经济活动过程的均衡性；③是确定必要抽样数目和计算抽样误差的必要依据。

12. 常用的变异度指标是什么？

答：常用的变异度指标有全距、平均差、标准差、方差和离散系数。其中标准差运用最普遍，因为标准差比其他几种变异度指标更能准确地反映变量数列之间的离中程度。

13. 什么是标准差？如何计算标准差？

答：标准差是总体各单位的某一标志值与其算术平均数离差平方的算术平均数的平方根，又称均方根差，简称均方差。

标准差的计算步骤：第一步，求总体各标志值的算术平均数；第二步，求总体各标志值与其算术平均数的离差；第三步，求离差的平方；第四步，求各项离差平方的算术平均数；第五步，对离差平方的算术平均数开平方。

14. 什么是总方差、组间方差和组内方差？三者之间有何联系？

答：总方差是总体各单位标志值与其算术平均数之间的平均离差，反映总体各单位之间的差异程度；组距数列中，各组平均数（或组中值）与总体平均数之间的平均离差被称为组间方差；组距数列中，各组内部标志值之间的差异程度的方差则被称为组内方差。

总方差、组间方差和组内方差三者之间的联系：总方差等于组间方差与平均组内方差的算术和，即 $\sigma^2 = \delta^2 + \overline{\sigma_i^{\ 2}}$。

15. 什么是标准差系数？为什么有了标准差还要计算标准差系数？在什么情况下必须计算标准差系数？

答：标准差系数是用来对比分析不同数列标志变异程度大小的指标。它是标准差与其相应的平均数之比，用百分数表示。

标准差虽能正确地反映标志变异程度的大小，但利用它来比较平均数的代表性是有限的。因为：①不同总体的社会现象由于变异度指标的计量单位不同，不能用标准差直接进行比较；②同类现象在平均数不等的情况下，也不能用标准差直接对比。因此，有了标准差还需要计算标准差系数。

16. 什么是交替标志？如何计算交替标志的算术平均数和标准差？

答：在社会经济统计中，为了某种研究任务，往往把被研究的对象按某种变异标志，分为具有某一属性的单位数和不具有某一属性的单位数两组，用“是”“否”，或“有”“无”来表示，非此即彼，故称交替标志。

由于交替标志只有两种表现，用 1 表示具有某种属性的标志值，用 0 表示不具有某种属性的标志值，用 P 表示具有某种属性的成数，用 Q 表示不具有某种属性的成数，则交替标志的算术平均数为：

$$\overline{x_P} = \frac{\sum_{i=1}^{n} x_i f_i}{\sum_{i=1}^{n} f_i} = P$$

交替标志的标准差为：

$$\sigma_P = \sqrt{\frac{\sum_{i=1}^{n}(x_i - \bar{x})^2 f_i}{\sum_{i=1}^{n} f_i}} = \sqrt{PQ} \text{或} \sigma_P = \sqrt{P(1-P)}$$

17. 什么是偏度？如何测定偏度？

答：偏度就是次数分布的相对偏斜程度。

测定偏度的方法主要有两种：①比较法；②动差法。

比较法是利用算术平均数与众数、中位数之间的关系来测定偏度的一种方法。其公式为：

$$偏度\ SK_P=\frac{\bar{x}-M_0}{\sigma}$$

动差法是借用物理学中力与力臂对重心关系的原理来测定偏度的一种方法。其公式为：

$$偏度\ \alpha=\frac{m_3}{\sigma^3}或\ \alpha=\frac{m_3}{\sqrt{{m_2}^3}}$$

$$其中：m_2=\frac{\sum_{i=1}^{n}(x_i-\bar{x})^2f_i}{\sum_{i=1}^{n}f_i},\ m_3=\frac{\sum_{i=1}^{n}(x_i-\bar{x})^3f_i}{\sum_{i=1}^{n}f_i}$$

18. 什么是峰度？尖顶峰和平顶峰的特点各是什么？如何测定峰度？

答：峰度是描述对称分布曲线峰顶尖峭程度的指标。尖顶峰的分布曲线比正态分布曲线更为陡峭，总体各单位标志值更多集中在算术平均数周围；平顶峰的分布曲线比正态分布曲线更为平缓，总体各单位标志值的分布更为离散。

测定峰度的公式为：

$$峰度\ \beta=\frac{m_4}{{m_2}^2},\ 其中：m_4=\frac{\sum_{i=1}^{n}(x_i-\bar{x})^4f_i}{\sum_{i=1}^{n}f_i}$$

19. 在统计实践中，如何应用偏度指标和峰度指标？

答：在企业质量管理中，通过计算偏度指标和峰度指标，可以判断产品质量分布是否接近正态分布。通常，产品的次数分布有下表所列几种类型。

偏度和峰度指标值	曲线类型
当偏度 $\alpha=0$，峰度 $\beta=3$	正态曲线
当偏度 $\alpha=0$，峰度 $\beta<3$	平顶曲线
当偏度 $\alpha=0$，峰度 $\beta>3$	尖顶曲线
当偏度 $\alpha<0$，峰度 $\beta<3$	左偏平顶曲线
当偏度 $\alpha<0$，峰度 $\beta>3$	左偏尖顶曲线
当偏度 $\alpha>0$，峰度 $\beta<3$	右偏平顶曲线
当偏度 $\alpha>0$，峰度 $\beta>3$	右偏尖顶曲线

当偏度 α 接近 0、峰度 β 接近 3 时，可以判断产品质量分布接近正态分布，产品的工艺和操作是符合要求的；反之，则需查明情况，改进工艺和操作技术，使产品质量分布达到正态分布的要求。

五、习题与解答

1. 某企业工人日产量的分组资料如下表所示：

日产量（千克）	工人数（人）	
	4 月	5 月
20 以下	20	10
20 ~ 30	35	20
30 ~ 40	30	25
40 ~ 50	10	30
50 以上	5	15
合计	100	100

试根据表中资料分别计算 4 月份和 5 月份工人日产量的算术平均数、中位数和众数，并分析工人平均日产量变化的原因，说明两个月次数分布的特点。

解：（1）根据表中资料计算算术平均数如下表所示：

日产量（千克）	组中值 x	工人数 f（人）		总产量 xf（千克）	
		4 月	5 月	4 月	5 月
20 以下	15	20	10	300	150
20 ~ 30	25	35	20	875	500
30 ~ 40	35	30	25	1 050	875
40 ~ 50	45	10	30	450	1 350
50 以上	55	5	15	275	825
合计		100	100	2 950	3 700

$$\bar{x}_4 = \frac{\sum xf}{\sum f} = \frac{2\,950}{100} = 29.5\ （千克）$$

$$\bar{x}_5 = \frac{\sum xf}{\sum f} = \frac{3\,700}{100} = 37.0\ （千克）$$

从计算结果得知，5 月份比 4 月份平均每人日产量多 7.5 千克，其原因是不同日产量水平的工人所占比重发生了变化。4 月份日产量在 30 千克以上的工人只占工人总数的 45%，5 月份这部分工人所占比重则上升为 70%。这体现了权数对平均数的影响。

（2）根据表中资料计算众数。

4 月份众数：$M_0 = L + \frac{\Delta_1}{\Delta_1 + \Delta_2} \times i$

$$= 20 + \frac{35-20}{(35-20)+(35-30)} \times 10$$

$$= 27.5 \text{（千克）}$$

5 月份众数：$M_0 = L + \frac{\Delta_1}{\Delta_1 + \Delta_2} \times i$

$$= 40 + \frac{30-25}{(30-25)+(30-15)} \times 10$$

$$= 42.5 \text{（千克）}$$

（3）根据表中资料计算中位数如下表所示：

日产量（千克）	工人数（人）		累计人数（人）	
	4 月份	5 月份	4 月份	5 月份
20 以下	20	10	20	10
20～30	35	20	55	30
30～40	30	25	85	55
40～50	10	30	95	85
50 以上	5	15	100	100
合计	100	100		

4 月份中位数：$M_e = L + \frac{\frac{\sum f}{2} - S_{m-1}}{f_m} \times i = 20 + \frac{50-20}{35} \times 10 = 28.57$（千克）

5 月份中位数：$M_e = L + \frac{\frac{\sum f}{2} - S_{m-1}}{f_m} \times i = 30 + \frac{50-30}{25} \times 10 = 38$（千克）

从以上计算可以看出，该企业工人日产量的分布状况是，4 月份日产量呈右偏分布，5 月份日产量呈左偏分布。

2. 某地甲、乙两个农贸市场三种蔬菜价格及销售额资料如下表所示：

品种	单位（元/千克）	销售额（元）	
		甲市场	乙市场
A	2.00	2 200	800
B	2.20	1 540	1 320
C	2.60	520	2 600

试根据表中资料计算哪个市场的蔬菜平均价格高，并说明原因。

解：根据表中资料计算，如下表所示：

品种	单位（元/千克）	销售额 m（元）		销售量 $\frac{m}{x}$（千克）	
		甲市场	乙市场	甲市场	乙市场
A	2.00	2 200	800	1 100	400
B	2.20	1 540	1 320	700	600
C	2.60	520	2 600	200	1 000
合计		4 260	4 720	2 000	2 000

$$\bar{x}_{甲}=\frac{\sum m}{\sum \frac{m}{x}}=\frac{4\ 260}{2\ 000}=2.13\ （元/千克）$$

$$\bar{x}_{乙}=\frac{\sum m}{\sum \frac{m}{x}}=\frac{4\ 720}{2\ 000}=2.36\ （元/千克）$$

计算结果表明，乙市场三种蔬菜的平均价格高于甲市场，主要原因是价格较高的C品种在乙市场的销量所占比重大，而在甲市场所占比重小，所以乙市场的平均价格也较甲市场高。

3. 某工厂生产某种零件，要经过三道工序，各道工序的合格率分别为95.74%、92.22%、96.3%。试求该种零件的平均合格率。

解：三道工序的平均合格率应用几何平均数计算：

$$\begin{aligned}G&=\sqrt[n]{x_1\ x_2\ x_3\cdots x_n}\\&=\sqrt[3]{0.957\ 4\times 0.922\ 2\times 0.963}\\&=0.947\ 4=94.74\%\end{aligned}$$

所以该零件的平均合格率为94.74%。

4. 某车间有两个生产小组，每组6个工人，日产量资料如下：

甲组：20，40，60，80，100，120（件）

乙组：67，68，69，71，72，73（件）

试分别计算两组工人日产量的全距、平均差和标准差，并比较两组工人平均日产量的代表性。

解：$\bar{x}_{甲}=\frac{20+40+60+80+100+120}{6}=70$（件）

$$\bar{x}_{乙}=\frac{67+68+69+71+72+73}{6}=70\ （件）$$

（1）全距：

$R_{甲}=$最大值$-$最小值$=120-20=100$（件）

$R_{乙}$ = 最大值 - 最小值 = 73 - 67 = 6（件）

（2）平均差（如下表所示）：

甲组			乙组		
平均日产量	离差绝对值	离差平方	平均日产量	离差绝对值	离差平方
x	$\vert x-\bar{x}\vert$	$(x-\bar{x})^2$	x	$\vert x-\bar{x}\vert$	$(x-\bar{x})^2$
20	50	2 500	67	3	9
40	30	900	68	2	4
60	10	100	69	1	1
80	10	100	71	1	1
100	30	900	72	2	4
120	50	2 500	73	3	9
合计	180	7 000	合计	12	28

$$A.D._{甲}=\frac{\sum|x-\bar{x}|}{n}=\frac{180}{6}=30\text{（件）}$$

$$A.D._{乙}=\frac{\sum|x-\bar{x}|}{n}=\frac{12}{6}=2\text{（件）}$$

（3）标准差：

$$\sigma_{甲}=\sqrt{\frac{\sum(x-\bar{x})^2}{n}}=\sqrt{\frac{7\ 000}{6}}=34.16\text{（件）}$$

$$\sigma_{乙}=\sqrt{\frac{\sum(x-\bar{x})^2}{n}}=\sqrt{\frac{28}{6}}=2.16\text{（件）}$$

计算结果说明，甲组工人日产量的全距、平均差和标准差均大于乙组，所以乙组工人的平均日产量代表性更大。

5. 两种不同的水稻品种分别在 5 块田里试种，其产量资料如下表所示：

甲品种		乙品种	
田块面积（公顷）	总产量（吨）	田块面积（公顷）	总产量（吨）
1.2	18.00	1.5	25.20
1.1	15.68	1.3	19.50
1.0	16.50	1.3	17.55
0.9	12.15	1.0	18.12
0.8	12.60	0.9	9.45
5.0	74.93	6.0	89.82

假定生产条件相同，试分别计算它们的收获率，并确定哪个品种的公顷产量有较大的稳定性和推广价值。

解：甲品种：

编号	田块面积（公顷）	总产量（吨）	单产（吨/公顷）	离差	离差平方	离差平方 x 次数
符号	f	xf	x	$x-\bar{x}$	$(x-\bar{x})^2$	$(x-\bar{x})^2 f$
1	1.2	18.00	15.00	0.01	0.000 1	0.000 12
2	1.1	15.68	14.25	-0.74	0.547 6	0.602 36
3	1.0	16.50	16.50	1.51	2.280 1	2.280 10
4	0.9	12.15	13.50	-1.49	2.220 1	1.998 09
5	0.8	12.60	15.75	0.76	0.577 6	0.462 08
合计	5.0	74.93	14.99			5.342 75

乙品种：

编号	田块面积（公顷）	总产量（吨）	单产（吨/公顷）	离差	离差平方	离差平方 x 次数
符号	f	xf	x	$x-\bar{x}$	$(x-\bar{x})^2$	$(x-\bar{x})^2 f$
1	1.5	25.20	16.80	1.830 0	3.348 9	5.023 35
2	1.3	19.50	15.00	0.030 0	0.000 9	0.001 17
3	1.3	17.55	13.50	-1.470 0	2.160 9	2.809 17
4	1.0	18.12	18.12	3.150 0	9.922 5	9.922 50
5	0.9	9.45	10.50	-4.470 0	19.980 9	17.982 81
合计	6.0	89.82	14.97			35.739 00

（1）平均产量：

甲品种 $\bar{x}=\dfrac{\sum xf}{\sum f}=\dfrac{74.93}{5.0}=14.99$（吨）

乙品种 $\bar{x}=\dfrac{\sum xf}{\sum f}=\dfrac{89.82}{6.0}=14.97$（吨）

（2）标准差：

甲品种 $\sigma=\sqrt{\dfrac{\sum(x-\bar{x})^2 f}{\sum f}}=\sqrt{\dfrac{5.342\ 75}{5.0}}=1.033\ 7$（吨）

乙品种 $\sigma=\sqrt{\dfrac{\sum(x-\bar{x})^2 f}{\sum f}}=\sqrt{\dfrac{35.739\ 00}{6.0}}=2.440\ 6$（吨）

（3）标准差系数：

甲品种 $V=\dfrac{\sigma}{\bar{x}}=\dfrac{1.0337}{14.99}=0.0690$

乙品种 $V=\dfrac{\sigma}{\bar{x}}=\dfrac{2.4406}{14.97}=0.1630$

计算结果说明，甲品种平均收获量略高于乙品种，标准差系数甲品种又比乙品种小，说明甲品种收获量具有较大稳定性，有推广价值。

6. 试根据平均数及标准差的性质，回答下列问题：

（1）已知标志值的平均数为2 600，标准差系数为30%，其方差为多少？

（2）已知总体标志值的平均数为13，各标志值平方的平均数为174，其标准差系数为多少？

（3）已知方差为25，各标志值的平方的平均数为250，其平均数为多少？

解：（1）$\because\ V=\dfrac{\sigma}{\bar{x}}$

$\therefore\ \sigma^2=(V\cdot\bar{x})^2=(30\%\times 2600)^2=608400$

（2）$\because\ \sigma^2=\overline{x^2}-(\bar{x})^2=174-13^2=5$

$\therefore\ \sigma=\sqrt{5}=2.236$

$V=\dfrac{\sigma}{\bar{x}}\times 100\%=\dfrac{2.236}{13}\times 100\%=17.2\%$

（3）$\because\ \sigma^2=\overline{x^2}-(\bar{x})^2$

$\therefore\ \bar{x}=\sqrt{\overline{x^2}-\sigma^2}=\sqrt{250-25}=15$

7. 某商店对库存的香烟进行质量检查，检查结果是：库存的3 000条香烟中，没有发霉的香烟为2 700条，其余为发霉香烟。试求库存香烟的完好率和标准差。

解：完好率 $P=\dfrac{2700}{3000}=0.9$

$\bar{x}=P=0.9$

标准差 $\sigma=\sqrt{PQ}=\sqrt{0.9\times 0.1}=0.3$

8. 某公司对职工的身高进行抽样调查，得统计资料如下表所示：

按身高分组（厘米）	职工人数（人）
150～155	4
155～160	12
160～165	18
165～170	28
170～175	22
175～180	10

（续上表）

按身高分组（厘米）	职工人数（人）
180~185	4
185~190	2
合计	100

试用动差法测定该公司职工身高分布的偏度与峰度。

解：根据表中资料计算如下。

按身高分组（厘米）	人数（人）	组中值 x	$y=\frac{x-167.5}{5}$	yf	y^2f	y^3f	y^4f
150~155	4	152.5	-3	-12	36	-108	324
155~160	12	157.5	-2	-24	48	-96	192
160~165	18	162.5	-1	-18	18	-18	18
165~170	28	167.5	0	0	0	0	0
170~175	22	172.5	1	22	22	22	22
175~180	10	177.5	2	20	40	80	160
180~185	4	182.5	3	12	36	108	324
185~190	2	187.5	4	8	32	128	512
合计	100			8	232	116	1 552

（1）计算原点的 k 阶动差：

$$M_1=\frac{\sum yf}{\sum f}=\frac{8}{100}=0.08$$

$$M_2=\frac{\sum y^2f}{\sum f}=\frac{232}{100}=2.32$$

$$M_3=\frac{\sum y^3f}{\sum f}=\frac{116}{100}=1.16$$

$$M_4=\frac{\sum y^4f}{\sum f}=\frac{1\ 552}{100}=15.52$$

（2）计算中心 k 阶动差：

$$m_2(y)=M_2-M_1{}^2=2.32-0.08^2=2.314$$

$$m_3(y)=M_3-3M_2M_1+2M_1{}^2$$
$$=1.16-3\times0.08\times2.32+2\times0.08^2=0.616$$

$$m_4(y)=M_4-4M_3M_1+6M_2M_1{}^2-3M_1{}^4$$
$$=15.52-4\times1.16\times0.08+6\times2.32\times0.08^2-3\times0.08^4$$
$$=15.238$$

（3）转换为 x 的中心 k 阶动差：

$m_2(x)=b^2\times m_2(y)=5^2\times 2.314=57.85$

$m_3(x)=b^3\times m_3(y)=5^3\times 0.616=77$

$m_4(x)=b^4\times m_4(y)=5^4\times 15.238=9\ 523.75$

$$\alpha=\frac{m_3(x)}{\sqrt{m_2^{\ 3}(x)}}=\frac{77}{\sqrt{57.85^3}}=0.175>0$$

$$\beta=\frac{m_4(x)}{m_2^{\ 2}(x)}=\frac{9\ 523.75}{57.85^2}=2.846<3$$

根据上述计算，可见该厂职工身高的分布曲线呈右偏，是右偏平顶曲线。

六、综合自测题

（一）判断题

1. 权数的实质是各组单位数占总体单位数的比重。（ ）
2. 在算术平均数中，若每个变量值减去一个任意常数 a，则等于平均数减去该数 a。（ ）
3. 各个变量值与其平均数离差之和可以大于 0，可以小于 0，当然也可以等于 0。（ ）
4. 各个变量值与任意一个常数的离差之和可以大于 0，可以小于 0，当然也可以等于 0。（ ）
5. 各个变量值与其平均数离差的平方之和一定等于 0。（ ）
6. 各个变量值与其平均数离差的平方之和可以等于 0。（ ）
7. 各个变量值与其平均数离差的平方之和为最小。（ ）
8. 已知一组数列的方差为 9，离散系数为 30%，则其平均数等于 30。（ ）
9. 交替标志的平均数等于 P。（ ）
10. 对同一数列，同时计算平均差和标准差，两者数值必然相等。（ ）
11. 平均差与标准差都表示标志值对算术平均数的平均距离。（ ）
12. 某分布数列的偏态系数为 0.25，说明它的分布曲线为左偏。（ ）

（二）单项选择题

1. 平均数反映了总体分布的（ ）。

①集中趋势 ②离中趋势 ③长期趋势 ④基本趋势

2. 下列指标中，不属于平均数的是（ ）。

①某省人均粮食产量

②某省人均粮食消费量

③某企业职工的人均工资收入

④某企业工人劳动生产率

3. 影响简单算术平均数大小的因素是（ ）。

①变量的大小 ②变量值的大小

③变量个数的多少　　　　　　　　④权数的大小

4. 一组变量数列，在未分组时直接用简单算术平均法计算与先分组为组距数列再用加权算术平均法计算，两种计算结果(　　)。

①一定相等　　　　　　　　　　②一定不相等

③在某些情况下相等　　　　　　④在大多数情况下相等

5. 加权算术平均数的大小(　　)。

①受各组标志值的影响最大

②受各组次数影响最大

③受各组权数比重影响最大

④受各组标志值与各组次数共同影响

6. 权数本身对加权算术平均数的影响，取决于(　　)。

①总体单位的多少

②权数的绝对数大小

③权数所在组标志值的数值大小

④各组单位数占总体单位数的比重大小

7. 在变量数列中，当标志值较大的组权数较小时，加权算术平均数(　　)。

①偏向于标志值较小的一方

②偏向于标志值较大的一方

③不受权数影响

④上述说法都不对

8. 平均差的主要缺点是(　　)。

①与标准差相比计算复杂　　　　②易受极端数值的影响

③不符合代数演算方法　　　　　④计算结果比标准差数值大

9. 标准差的大小取决于(　　)。

①平均水平的高低

②标志值水平的高低

③各标志值与平均水平离差的大小

④各标志值与平均水平离差的大小和平均水平的高低

10. 计算离散系数是为了比较(　　)。

①不同分布的数列的相对集中程度

②不同水平的数列的标志变异度大小

③相同水平的数列的标志变异度大小

④两个数列平均数的绝对差异

11. 把全部产品分为一级品、二级品和三级品，其中一级品占全部产品的比重为70%，则这个70%属于(　　)。

①平均数

②结构相对数

③具有某一属性的单位数在总体中的成数 P

④不具有某一属性的单位数在总体中的成数 Q

（三）多项选择题

1. 下列指标中，属于平均指标的有(　　)。

①某省人均国民收入　　②某省人均粮食产量

③某省人均粮食消费量　　④某企业工人劳动生产率

⑤某企业职工的人均工资收入

2. 平均数能反映(　　)。

①总体各单位标志值大小的一般水平

②总体分布的集中趋势

③总体分布的离中趋势

④现象之间的依存关系

⑤总体各单位标志值的差异程度

3. 算术平均数的基本公式中，(　　)。

①分子和分母属于同一总体

②分子和分母的计量单位相同

③分子的标志是数量标志

④分母是分子的直接承担者

⑤分子是分母的直接承担者

4. 加权算术平均数的大小，受(　　)。

①各组次数的影响

②组中值大小的影响

③各组标志值大小的影响

④各组单位数占总体单位数比重大小的影响

⑤各组次数和各组标志值的共同影响

5. 下列情况中，应采用调和平均数的有(　　)。

①已知各企业计划完成百分比及实际产值，求平均的计划完成程度

②已知各商品的单价和销售额，求平均价格

③已知分组的粮食单位产量及各组粮食总产量，求总的平均单位产量

④已知三种产品的单位成本及总生产费用，求平均单位产品成本

⑤某采购站某月购进三批同种农产品的单价及收购额，求平均采购价格

6. 利用四分位差说明标志的变异程度(　　)。

①没有考虑总体所有单位标志值的差异程度

②与总体单位的分配无关

③能反映四分位数中间两个分位数之差

④能反映总体最大标志值与最小标志值之差

⑤取决于平均数的大小

7. 标准差和平均差的共同点是(　　)。

①两者都以平均数为中心来测定总体各单位标志值的离散程度

②两者在反映总体标志变异程度方面都比全距准确

③两者都考虑了总体的所有变量值的差异程度

④两者都受极端值较大影响

⑤两者都计算方便

8. 利用标准差比较两个总体的平均数代表性大小，要求(　　)。

①两个总体的单位数相等

②两个总体的标准差相等

③两个总体的平均数相等

④两个平均数反映的现象相同

⑤两个平均数的计量单位相同

9. 不同总体间的标准不能进行简单的对比，是因为(　　)。

①标准差不一致　　②平均数不一致

③计量单位不一致　　④总体单位数不一致

⑤上述原因都对

10. 下列各项中属于交替标志具体表现的是(　　)。

①产品中的合格品、不合格品

②农作物中的受灾面积、非受灾面积

③稻种中的发芽种子、不发芽种子

④人口性别中的男、女

⑤产品中的一等品、二等品、三等品

11. 交替标志的标准差是(　　)。

① $\sqrt{P+Q}$　　② $\sqrt{PQ}$

③ $\sqrt{P-Q}$　　④ $\sqrt{P(1-P)}$

⑤ $\sqrt{(1-P)(1-Q)}$

(四) 填空题

1. 平均指标就是在__________内将各单位数量标志差异标准化，用以反映总体的一般水平。

2. 平均指标的三个特点是__________、代表性和抽象性。

3. 算术平均数的基本公式是____________________之比。

4. 加权算术平均数的大小不仅受__________的影响，还受__________的影响。

5. 利用组中值计算算术平均数是假定各组内的标志值是__________分布的，计算结果是一个__________值。

6. 社会经济现象的__________是计算和应用平均指标的首要原则。

7. 反映总体内部各总体单位之间差异程度的指标很多，按其比较标准的不同，大致可分为三类：__________、__________、__________。

8. 平均指标说明分布数列的__________，而变异度指标则说明分布数列的__________。

9. 变异度指标是衡量平均数代表性的尺度，可以用来反映社会经济活动过程的__________。

10. 在计算平均差时，之所以采取离差的绝对值，是因为各标志值对其算术平均数的离差总和__________。

11. 标准差虽能正确反映标志变动程度的大小，但利用它来比较平均数的代表性是有限的，只有在__________的情况下，才能直接进行比较；如在__________的情况下，就不能直接进行比较，这时，必须计算__________才能进行比较。

12. 在变异度指标中，__________是指次数分布的非对称程度，__________是指次数分布曲线顶端的尖峭程度。

（五）简答题

1. 什么是权数？计算算术平均数应如何正确选择权数？

2. 在社会经济领域中，调和平均数为什么可作算术平均数的变形使用？

3. 以下是某些单位统计分析报告的摘录。

（1）本厂下属分厂共30个，本月各分厂计划完成程度如下：

计划完成90%的分厂有3个，计划完成96%的分厂有5个，计划完成102%的分厂有10个，计划完成110%的分厂有8个，计划完成120%的分厂有4个，则全厂平均的计划完成程度为：

$$\frac{90\%\times3+96\%\times5+102\%\times10+110\%\times8+120\%\times4}{30}=104.33\%$$

（2）为保证产品质量，某厂对产品质量进行抽查。第一季度抽查合格率为95%，4—5月的抽查合格率为97%，6月份的抽查合格率为99%，则该厂上半年产品抽查平均合格率为：

$$\frac{95\%\times3+97\%\times2+99\%\times1}{6}=96.33\%$$

（3）某厂自开展增产节约运动以来，产品成本连续降低。据统计，1月份总成本15 000元，平均单位成本15元；2月份总成本25 000元，平均单位成本降为10元；3月份总成本45 000元，平均单位成本仅为8元。这样，该厂第一季度平均单位产品成本为：

$$\frac{15+10+8}{3}=11\text{（元）}$$

以上统计分析报告中所用的平均数是否恰当？为什么？

4. 为什么要研究变异度指标？

5. 简要说明平均指标与变异度指标在说明同质总体特征方面的联系与区别。

6. 简述离散系数的作用。

7. $\bar{x}$、σ、$\frac{\bar{x}}{\sigma}$、$\frac{\sigma}{\bar{x}}$各反映什么问题？

8. 尖顶峰和平顶峰分别能反映总体分布的什么特点？

9. 为什么说标准差是反映总体差异程度的最常用的指标？

（六）计算题

1. 某市场有三种不同品种的苹果，每千克价格分别为 4 元、6 元和 8 元，试计算：（1）各买 1 千克，平均每千克多少钱？（2）各买 1 元钱，平均每千克多少钱？

2. 某商品有甲、乙两种型号，单价分别为 5 元和 6 元。已知价格低的甲型商品的销售量是乙型商品的 2 倍，试求该商品的平均销售价格；如果价格低的甲型商品的销售量比乙型商品多 2 倍，则该商品的平均销售价格是多少？

3. 某工业公司所属三个工厂的统计资料如下表所示：

工厂	实际产值（万元）	计划完成（%）	实际一等品率（%）
甲	515	103	96
乙	343	101	98
丙	245	98	95

试求：（1）该公司产量计划平均完成百分比；

（2）该公司平均一等品率。

4. 某电子产品企业工人日产量资料如下表所示：

日产量（件）	工人数（人）
40～50	60
50～60	140
60～70	260
70～80	150
80 以上	50
合计	660

试根据表中资料计算工人日产量的平均数、中位数和众数，并判断该分布数列的分布状态。

5. 某厂两组工人加工同种零件，某天每人加工零件数分别如下表所示：

第一组	40	39	39	39	38	36	36	35	33	30	（件）
第二组	40	34	34	32	32	32	31	31	30	30	（件）

根据表中资料，试比较哪组工人加工零件数的变异程度大。

6. 某厂两组工人加工同种零件。已知某天第一组工人加工零件总数为365件，经检验，发现有14件次品；第二组工人加工零件总数为326件，经检验，发现有13件次品。试比较哪组工人加工零件的质量较稳定。

7. 有甲、乙两个不同的稻种，其平均每公顷产量及标准差资料如下表所示：

品种	平均每公顷产量（千克）	标准差（千克）
甲	1 800	720
乙	1 350	675

试比较哪种稻种值得推广。

8. 试根据平均数和标准差的性质，回答下列问题。

（1）标准差为50，平均数为60，试求标志变量对100的方差。

（2）各标志值对某任意数的方差为200，而这个任意数与单位标志值的平均数之差为11，试确定标准差。

（3）总体平均数为100，标准差系数为20%，试确定对什么数的标准差为200。

（4）若方差为1 600，标准差系数为20%，则各标志值对150的方差为多少？

9. 某商场上月按商品销售额分组资料如下表所示。试用简捷法计算标准差反映该商场售货员业务水平的差异程度。

销售额（元）	售货员人数（人）
20 000～30 000	8
30 000～40 000	20
40 000～50 000	40
50 000～60 000	100
60 000～70 000	82
70 000～80 000	10
80 000以上	5
合计	265

第六章　概率与概率分布

一、学习目的与要求

通过对本章的学习，使读者了解概率基础的基本运算，掌握离散型和连续型随机变量概率分布的计算，熟练掌握大数定理和中心极限定理的计算，为推断统计的学习奠定基础。

二、学习重点与难点

本章的学习重点是连续型随机变量概率分布的计算；难点是正态分布、大数定理和中心极限定理的计算。

三、内容提示

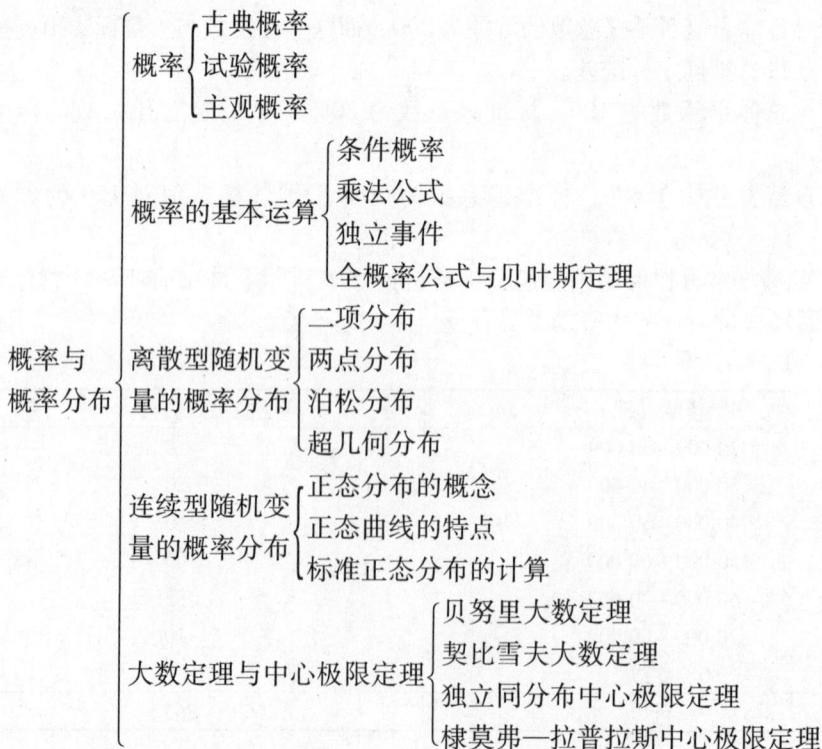

- 概率与概率分布
  - 概率
    - 古典概率
    - 试验概率
    - 主观概率
  - 概率的基本运算
    - 条件概率
    - 乘法公式
    - 独立事件
    - 全概率公式与贝叶斯定理
  - 离散型随机变量的概率分布
    - 二项分布
    - 两点分布
    - 泊松分布
    - 超几何分布
  - 连续型随机变量的概率分布
    - 正态分布的概念
    - 正态曲线的特点
    - 标准正态分布的计算
  - 大数定理与中心极限定理
    - 贝努里大数定理
    - 契比雪夫大数定理
    - 独立同分布中心极限定理
    - 棣莫弗—拉普拉斯中心极限定理

四、思考题与解答要点

1. 什么是概率？它有哪些分类？

答：概率是指随机事件发生可能性大小的数值。从不同的角度概率可分为：①古典概率。它是指在每次试验中事件等可能性出现的条件下，于试验前计算的比率。②试验概率。它是指在确定的条件下，事件 A 在大量的 n 次试验中出现 m 次，则事件 A 的频率 m/n 可作为事件 A 的概率 $P(A)$ 的近似比率。③主观概率。它是指人们凭个人经验对某一事件发生的可能性大小作出的估计。

2. 什么是贝叶斯定理？它有何作用？

答：贝叶斯定理是指在观察到事件 B 已发生的条件下，寻找导致事件 A 发生的每个原因 A_i 的概率。设 A_1，A_2，…，A_n 为 n 个互不相容的事件，且 $\bigcup_{i=1}^{n} A_i = \Omega, P(A_i) > 0(i = 1,2,\cdots,n)$。则对任一事件 B，$P(B)>0$，有：

$$P(A_i \mid B) = \frac{P(A_i)P(B \mid A_i)}{\sum_{i=1}^{n} P(A_i)P(B \mid A_i)} \qquad (i = 1,2,\cdots,n)$$

贝叶斯定理在统计学中有着重要的作用：贝叶斯定理是在观察到事件 B 已发生的条件下，寻找导致事件 A 发生的每个原因 A_i 的概率，其中 $P(A_i)$ 和 $P(A \mid B_i)$ 分别称为原因 A_i 的先验概率和后验概率，通过该公式可以帮助人们确定引起事件 B 发生的最可能的原因。

3. 什么是正态分布？其正态曲线有何特点？

答：正态分布是一种图形为单峰钟形对称的分布。它是统计学中最重要的分布，应用极为广泛。

正态曲线的特点：①正态曲线的图形是一个单峰钟形曲线，最大的值点为 $X = \bar{X}$，最大值为 $\frac{1}{\sqrt{2\pi}\sigma}$；②曲线以 $X = \bar{X}$ 为对称轴，且沿不同的水平方向单调下降，当 $X \to \pm\infty$时，曲线以 x 轴为其渐近线；③曲线在 $X = \bar{X} \pm \sigma$ 处有拐点，拐点与对称轴的距离相同，曲线在拐点处改变自己的下降方向；④当 σ 越大时，曲线越平缓，σ 越小时，曲线越陡峭。

4. 什么是大数定理？它在抽样调查中有何作用？

答：大数定理是指大量随机变量的平均结果具有稳定性的一系列定理的总称，也称大数法则。其中最著名的是贝努里大数定理和契比雪夫大数定理。

大数定理的作用：①大数定理为抽样调查奠定了理论基础；②大数定理是我们通过偶然现象揭示必然性、规律性的工具。

5. 什么是中心极限定理？它在抽样调查中有何作用？

答：中心极限定理是指随机变量序列的极限分布渐近于正态分布的一系列定理的总称。最常用的有独立同分布中心极限定理和棣莫弗—拉普拉斯中心极限定理。

中心极限定理的作用：①确定了样本推断总体的可能性；②确定了样本平均数与总体平均数之差的可能范围；③确定了样本标准差替代总体标准差的可能性。

五、习题与解答

1. 某一居民区有 1 000 户人家装有电话。某天晚上恰有 200 户家中无人，而其余 800 户中，又有 240 户人家拒绝电话调查。如果随机地给这些家庭中的某一家打电话，试求出现以下几种情况的概率：（1）电话打到没人在的家庭；（2）电话打到有人在的家庭，但这家人却拒绝调查；（3）电话打到可以接受调查的家庭。

解：令$A=$｛电话打到有人在的家庭｝

$B=$｛电话打到可以接受调查的家庭｝

（1）$P(\overline{A})=\dfrac{200}{1\ 000}=0.2$

（2）$P(\overline{B}\mid A)=\dfrac{P(A\overline{B})}{P(B)}=\dfrac{240}{1\ 000}\div\dfrac{800}{1\ 000}=0.3$

（3）$P(AB)=P(A)\cdot P(B\mid A)=\dfrac{800}{1\ 000}\times\dfrac{560}{800}=0.56$

2. 已知 10 个零件中有 3 件次品，现不重复地随机抽取：（1）求两次都抽到正品的概率；（2）求第三次才抽到正品的概率；（3）如改为重复地随机抽取，求两次都抽到正品的概率。

解：令$A=$｛第一次抽到正品｝

$B=$｛第二次抽到正品｝

$C=$｛第三次抽到正品｝

（1）$P(AB)=P(A)\cdot P(B\mid A)=\dfrac{7}{10}\times\dfrac{6}{9}=0.466\ 7$

（2）$P(\overline{A}\overline{B}C)=P(\overline{A})\cdot P(\overline{B}\mid\overline{A})\cdot P(C\mid\overline{A}\overline{B})=\dfrac{3}{10}\times\dfrac{2}{9}\times\dfrac{7}{8}=0.058\ 3$

（3）$P(AB)=P(A)\cdot P(B)=\dfrac{7}{10}\times\dfrac{7}{10}=0.49$

3. 在某城市中，有 60% 的家庭订阅一份日报，有 85% 的家庭有电视机，假定这两个事件是独立的。今随机抽出一个家庭进行调查，问：（1）该家庭既订阅报纸又拥有电视机的概率是多少？（2）该家庭订阅报纸和拥有电视机，两个事件中至少有一件发生的概率是多少？（3）该家庭或订阅报纸或拥有电视机的概率是多少？

解：令$A=$｛该家庭订阅一份日报｝

$B=$｛该家庭拥有电视机｝

(1) $P(AB) = P(A) \cdot P(B) = 0.60 \times 0.85 = 0.51$

(2) $P(A \cup B) = P(A) + P(B) - P(AB) = 0.60 + 0.85 - 0.51 = 0.94$

(3) $P(A\bar{B} \cup \bar{A}B) = P(A\bar{B}) + P(\bar{A}B) = P(A) \cdot P(\bar{B}) + P(\bar{A}) \cdot P(B)$

$= 0.60 \times 0.15 + 0.40 \times 0.85 = 0.43$

4. 已知甲、乙、丙三台机床生产同种产品，产量各占25%、35%和40%，废品率分别为5%、4%和2%。现从该批产品中随机抽取1件进行检验，发现是废品。问：这件废品是甲、乙、丙机床生产的概率分别为多少？

解：令A_i = {抽出的产品是由第 i 台机床生产的}；i = 1、2、3，分别代表甲、乙、丙机床。

B = {抽出的产品是次品}

$$P(B) = P(A_1) \cdot P(B \mid A_1) + P(A_2) \cdot P(B \mid A_2) + P(A_3) \cdot P(B \mid A_3)$$

$$= 0.25 \times 0.05 + 0.35 \times 0.04 + 0.40 \times 0.02 = 0.034\ 5$$

$$P(A_1 \mid B) = \frac{P(A_1) \cdot P(B \mid A_1)}{\sum P(A_i) \cdot P(B \mid A_i)} = \frac{0.25 \times 0.05}{0.034\ 5} = 0.362\ 3$$

$$P(A_2 \mid B) = \frac{P(A_2) \cdot P(B \mid A_2)}{\sum P(A_i) \cdot P(B \mid A_i)} = \frac{0.35 \times 0.04}{0.034\ 5} = 0.405\ 8$$

$$P(A_3 \mid B) = \frac{P(A_3) \cdot P(B \mid A_3)}{\sum P(A_i) \cdot P(B \mid A_i)} = \frac{0.40 \times 0.02}{0.034\ 5} = 0.231\ 9$$

5. 某人花2元钱购买体育彩券，能中10 000元奖的概率是0.01‰，能中1 000元奖的概率是0.1‰，能中100元奖的概率是1‰，能中10元奖的概率是1%，能中1元奖的概率是10%，假设各种奖不能同时抽中，试求：(1) 此人收益的概率分布；(2) 此人收益的期望值。

解：(1)

奖金（元） X	10 000	1 000	100	10	1
中奖概率 P	0.000 01	0.000 1	0.001	0.01	0.1

(2) $E(X) = \sum XP = 10\ 000 \times 0.000\ 01 + 1\ 000 \times 0.000\ 1 + 100 \times 0.001 + 10 \times 0.01 + 1 \times 0.1 = 0.5$(元)

6. 在一张考卷中，有15道单项选择题。在每道题4个备选答案中，只有1个正确答案。一考生随机地选择答案，试求：(1) 答对5～10道题的概率；(2) 至少答对9道题的概率；(3) 答对的期望值。

解：符合二项分布，$P = 1/4 = 0.25$　　$n = 15$

$$(1)P(5 \leqslant x \leqslant 10) = \sum_{x=5}^{10} C_{15}^{x} p^{x} q^{15-x} = 0.313\ 4$$

$$(2)P(x \geqslant 9) = \sum_{x=9}^{15} C_{15}^{x} p^{x} q^{15-x} = 0.004\ 2$$

$$(3)E(x) = nP = 15 \times 0.25 = 3.75$$

7. 已知某厂某产品2%有缺陷，现随机抽查100件。试以泊松分布求：（1）恰好4件产品有缺陷的概率；（2）至少5件产品有缺陷的概率。

解：符合泊松分布，$n=100$，$p=0.02$，$\lambda=np=2$

$$(1)\quad P(x=4) = \frac{\lambda^{k}}{k!}e^{-\lambda} = \frac{2^{4}}{4!}e^{-2} = 0.090\ 2$$

$$(2)\quad P(x \geqslant 5) = 1 - P(4 \geqslant x) = 1 - \sum_{k=0}^{4} \frac{2^{k}}{k!}e^{-2}$$

$$= 1 - \left(\frac{2^{0}}{0!} + \frac{2^{1}}{1!} + \frac{2^{2}}{2!} + \frac{2^{3}}{3!} + \frac{2^{4}}{4!}\right) \times 2.718\ 25^{-2} = 0.052\ 7$$

8. 某车间为保证设备正常工作，要配备适量的维修工。设各台设备发生故障是相互独立的，且每台设备发生故障的概率都是0.01。（1）若由一人负责维修20台，求设备发生故障而不能及时维修的概率；（2）若由三人共同负责维修80台设备，试求设备发生故障而不能及时维修的概率，并比较说明哪种效率高。

解：

（1）设x为发生故障的台数，x服从$n=20$，$p=0.01$的二项分布，用泊松分布近似，其参数$\lambda=np=0.2$，故

$$P(x \geqslant 2) = 1 - P(1 \geqslant x) = 1 - \sum_{k=0}^{1} \frac{0.2^{k}}{k!}e^{-0.2}$$

$$= 1 - \left(\frac{2^{0}}{0!} + \frac{2^{1}}{1!}\right) \times 2.718\ 25^{-2} = 0.017\ 5$$

（2）设x为发生故障的台数，x服从$n=80$，$p=0.01$的二项分布，用泊松分布近似，其参数$\lambda=np=0.8$，故

$$P(x \geqslant 4) = 1 - P(3 \geqslant x) = 1 - \sum_{k=0}^{3} \frac{0.8^{k}}{k!}e^{-0.8}$$

$$= 1 - \left(\frac{0.8^{0}}{0!} + \frac{0.8^{1}}{1!} + \frac{0.8^{2}}{2!} + \frac{0.8^{3}}{3!}\right) \times 2.718\ 25^{-0.8} = 0.009\ 0$$

9. 已知一箱产品共有60件（其中有5件次品），现从中不重复抽取5件，试求下列事件的概率：（1）5件中没有次品；（2）5件中有1件次品；（3）5件中有3件次品；（4）5件都是次品。

解：从题意已知：$N=60$，$M=5$，$n=5$，x服从超几何分布，有：

(1) $P(x=0)=\frac{C_5^0 C_{55}^5}{C_{60}^5}=\frac{1\times 347\ 876\ 1}{5\ 461\ 512}=0.637\ 0$

(2) $P(x=1)=\frac{C_5^1 C_{55}^4}{C_{60}^5}=\frac{5\times 341\ 055}{5\ 461\ 512}=0.312\ 2$

(3) $P(x=3)=\frac{C_5^3 C_{55}^2}{C_{60}^5}=\frac{10\times 1\ 485}{5\ 461\ 512}=0.002\ 7$

(4) $P(x=5)=\frac{C_5^5 C_{55}^0}{C_{60}^5}=\frac{1\times 1}{5\ 461\ 512}=0.000\ 0$

10. 从一批由45件正品、5件次品组成的产品中任意抽取3件产品，求下列事件的概率：(1) 恰有1件次品；(2) 至少有1件次品；(3) 最多有2件次品。

解：从题意已知：$N=50$，$M=5$，$n=3$，x 服从超几何分布，有：

(1) $P(x=1)=\frac{C_5^1 C_{45}^2}{C_{50}^3}=\frac{5\times 990}{19\ 600}=0.252\ 6$

(2) $P(x\geqslant 1)=P(x=1)+P(x=2)+P(x=3)=\frac{C_5^1 C_{45}^2}{C_{50}^3}+\frac{C_5^2 C_{45}^1}{C_{50}^3}+\frac{C_5^3 C_{45}^0}{C_{50}^3}$

$$=\frac{5\times 990}{19\ 600}+\frac{10\times 45}{19\ 600}+\frac{10\times 1}{19\ 600}=0.276\ 0$$

(3) $P(x\leqslant 2)=1-P(x=3)=1-\frac{C_5^3 C_{45}^0}{C_{50}^3}=1-\frac{10\times 1}{19\ 600}=0.999\ 5$

11. 某电冰箱厂生产某种型号的电冰箱，其压缩机的使用寿命服从均值为10年、标准差为2年的正态分布。(1) 求整批电冰箱压缩机的使用寿命大于9年的比重；(2) 求整批电冰箱压缩机使用寿命介于9~11年的比重；(3) 该厂为了提高产品竞争力，对电冰箱压缩机在保用限期内的故障实行免费换新，预计免费换新的比重为1%，试确定该厂电冰箱压缩机免费换新的保用年限。

解：$X\sim N(10,2^2)$，则

(1) $P(x>9)=P\left(\frac{x-10}{2}>\frac{9-10}{2}\right)=P(Z>-0.5)=P(Z<0.5)$

$$=\varphi(0.5)=0.691\ 5$$

(2) $P(9\leqslant x\leqslant 11)=P\left(\frac{9-10}{2}\leqslant\frac{x-10}{2}\leqslant\frac{11-10}{2}\right)=P(-0.5\leqslant Z\leqslant 0.5)$

$$=2\varphi(0.5)-1=0.383\ 0$$

(3) 设保用年限为 x，则

$P(x\leqslant X)=P\left(Z\leqslant\frac{x-10}{2}\right)=1-\varphi(-\frac{x-10}{2})=1\%$

即 $\varphi(-\frac{x-10}{2})=99\%$，查表得：$-\frac{x-10}{2}=2.33$

故 $x = 10 - 2 \times 2.33 = 5.34 \approx 5$ 年，即该厂电冰箱压缩机免费换新的保用年限为5年。

12. 某保险公司多年的统计资料表明，在索赔户中，被盗索赔占20%。以 X 表示在随机抽样调查的100个索赔户中，因被盗向保险公司索赔的户数。(1) 写出 X 的概率分布；(2) 利用中心极限定理，求被盗索赔户不少于14户且不多于30户的概率近似值。

解：

(1) 设在抽查的100个索赔户中，被盗户数为 x，则 x 可以看作100次重复独立试验中被盗户数出现的次数，而在每次试验中被盗户出现的概率是0.2，因此，x 服从二项分布，即 $x \sim B$（100，0.2），其概率分布函数为：

$$P(x = i) = C_{100}^{i} \times 0.2^{i} \times 0.8^{100-i} (i = 0,1,2,\cdots,100)$$

(2) $$P(14 \leqslant x \leqslant 30) \approx \varphi\left(\frac{30 - 100 \times 0.2}{\sqrt{100 \times 0.2 \times 0.8}}\right) - \varphi\left(\frac{14 - 100 \times 0.2}{\sqrt{100 \times 0.2 \times 0.8}}\right)$$

$$\approx \varphi(2.5) - \varphi(-1.5) \approx 0.994 - (1 - 0.933) \approx 0.927$$

13. 某公司有400人，平均工龄为10年，标准差为3年。现随机抽出50人组成一个简单随机样本，试问样本中工作人员的平均工龄不低于9年的概率有多大？

解：已知 $N = 400$，$\bar{x} = 10$，$\sigma = 3$，$n = 50$，因为 $n = 50$ 为大样本，由中心极限定理得知，样本均值的抽样分布近似于正态分布，有：

$$\mu_{\bar{x}} = \sqrt{\frac{\sigma^2}{n}(1 - \frac{n}{N})} = \sqrt{\frac{3^2}{50} \times (1 - \frac{50}{400})} = 0.397$$

$$P(\bar{x} \geqslant 9) = 1 - P(\bar{x} < 9) = 1 - \varphi(\frac{9 - 10}{0.397}) = 1 - \varphi(-2.52) = \varphi(2.52) = 0.994$$

即样本中工作人员的平均工龄不低于9年的概率为0.994。

六、综合自测题

(一) 判断题

1. 古典概率是指在每次试验中事件等可能出现的条件下，试验前就可计算出来的比率。 ( )

2. 股票指数在未来的一周内上升可能性的大小指的是主观概率。 ( )

3. 二项分布是两点分布的特例。 ( )

4. 在抽样调查中，如果说大数定理证明了抽样调查中可以用样本均值来估计总体均值的理论根据，那么中心极限定理则进一步提供了对总体的均值作出区间估计及其相应概率保证的理论依据。 ( )

5. 设随机变量 X 服从正态分布 $N(\bar{x},4^2)$，则随着 X 的增大，概率 $P\{|X - \bar{x}| < \sigma\}$ 单调增大。 ( )

（二）单项选择题

1. 若某一事件出现的概率为1/6，当试验6次时，该事件出现的次数将是（　　）。

①1次　②大于1次　③小于1次　④上述结果均有可能

2. 已知一批计算机元件的正品率为80%，现随机抽取 n 个样本，其中 x 个为正品，则 x 的分布服从（　　）。

①正态分布　②二项分布　③泊松分布　④超几何分布

3. 某工厂生产的零件出厂时每200个装一盒，这种零件分为合格与不合格两类，合格率约为99%，设每盒中的不合格数为 X，则 X 通常服从（　　）。

①正态分布　②二项分布　③泊松分布　④超几何分布

4. 事件在一次试验中发生的概率为 $\frac{1}{4}$，则在三次独立重复试验中，事件恰好发生两次的概率为（　　）。

①$\frac{1}{2}$　②$\frac{1}{16}$　③$\frac{3}{64}$　④$\frac{9}{64}$

5. 若一个系的学生中有65%是男生，40%是高年级学生。若随机抽选一人，该学生或是男生或是高年级学生的概率最可能是（　　）。

①0.35　②0.60　③0.79　④1.05

6. 有位朋友从远方来，他乘火车、轮船、汽车、飞机来的概率分别为0.3、0.2、0.1和0.4。如果他乘火车、轮船、汽车来的话，迟到的概率分别为1/4、1/3和1/12，而乘飞机则不会迟到。他迟到的概率为（　　）。

①0.15　②0.20　③0.25　④0.30

7. 在第6题中，如果他迟到了，他乘火车来的概率为（　　）。

①0.3　②0.4　③0.5　④0.6

（三）多项选择题

1. 若某一事件出现的概率为1/6，当试验6次时，该事件出现的次数（　　）。

①可能1次　②可能大于1次

③可能小于1次　④一定是2次

⑤上述结果均有可能

2. 某种考试有10道判断题，若有一个对题目毫无所知的人，对10道题任意猜测，则其猜对6题的概率和及格（猜对6题以上）的概率分别为（　　）。

①0.1　②0.2　③0.3　④0.4　⑤0.5

3. 某种考试有10道单项选择题，若有一个对题目毫无所知的人，对10道题任意猜测，则其猜对6题的概率和及格（猜对6题以上）的概率分别为（　　）。

①0.020　②0.019　③0.018　④0.017　⑤0.016

4. 下列分布中属于离散型随机变量的概率模型有(   )。

①二项分布　　②两点分布

③泊松分布　　④超几何分布

⑤正态分布

5. 下列近似计算概率的方法中正确的是(   )。

①用二项分布的概率近似计算超几何分布的概率

②用二项分布的概率近似计算泊松分布的概率

③用泊松分布的概率近似计算二项分布的概率

④用泊松分布的概率近似计算两点分布的概率

⑤用正态分布的概率近似计算二项分布的概率

（四）填空题

1. 某种考试有 10 道判断题，若有一个对题目毫无所知的人，对 10 道题任意猜测，猜对的题目数为 X，则 X 服从________分布，其猜对 6 题的概率是________，及格（猜对 6 题以上）的概率是__________。

2. 10 个灯泡中 5 个是好的，5 个是坏的，混合在一起，若随机重复抽取 2 个灯泡，这 2 个灯泡都是好的概率为________；若第 1 个和第 2 个灯泡都是好的，再抽第 3 个灯泡仍旧是好的概率为________。

3. 正态分布是一种图形为______________的分布。它是统计学中最重要的分布，应用极为广泛。

4. 大数定理是__________________具有稳定性的一系列定理的总称，也称大数法则。其中最著名的是________大数定理和________大数定理。

5. 中心极限定理是________________________________一系列定理的总称。最常用的有_________中心极限定理和________________中心极限定理。

（五）简答题

1. 什么是概率？它有哪些分类？

2. 什么是贝叶斯定理？它有何作用？

3. 什么是正态分布？正态曲线有何特点？

4. 什么是大数定理？它在抽样调查中有何作用？

5. 什么是中心极限定理？它在抽样调查中有何作用？

6. 某家具公司生产桌子的长度服从正态分布，平均长度为 120 厘米，标准差为 0.05 厘米。该公司的经理保证说，他们生产的桌子长度的误差不超过 0.10 厘米，并且他有 99.7% 的把握下此结论。你是否同意他的结论？说明理由。

（六）计算题

1. 有 3 种投资，每种投资成功的概率为 1/3，若 3 种投资相互独立，3 种投资中至少有一种成功的概率是多少？

2. 某专业研究生复试时，有 3 张考签，3 个考生应试，每人抽一张看后立刻放回，再让另一个人抽，如此 3 人各抽一次。求抽签结束后，至少有一张考签没有被抽到的概率。

3. 某厂生产的每台仪器，可直接出厂的占0.7，需调试的占0.3，调试后出厂的占0.8，不能出厂的不合格品占0.2，现该厂新生产100台仪器（设每台仪器的生产过程相互独立），试求：（1）全部能出厂的概率；（2）恰有2台不能出厂的概率；（3）至少有2台不能出厂的概率。

4. 某机构有一个3人组成的顾问小组，每位顾问提出正确意见的概率都为0.8，现在该机构对某方案的可行性同时分别征求各位顾问的意见，并按照多数人意见作出决策，试求作出正确决策的概率。

5. 某航线的班机，常常有旅客预订票后又临时取消，平均每班机为4人。若预订票而取消的人数服从泊松分布，现抽查一班机，试求：（1）正好有4人取消的概率；（2）不超过3人（含3人）取消的概率；（3）超过6人（含6人）取消的概率。

6. 假设某班期末统计学考试成绩服从正态分布，平均成绩为70分，标准差为12分。要求计算：（1）随机抽取1人，该同学成绩在82分以上的概率；（2）随机抽取9人，其平均成绩在82分以上的概率。

7. 一项民意测验，假设总体中有54%的人是赞成的，如果随机抽选1 000人，得出“多数人不赞成”的概率有多大？

第七章　抽样与参数估计

一、学习目的与要求

通过对本章的学习，使读者明确抽样调查的基本概念和基本原理，掌握抽样分布和参数估计的基本运算，熟练掌握简单随机抽样和类型抽样，了解等距抽样、整群抽样和多级抽样。

二、学习重点与难点

本章的学习重点是抽样分布、参数估计、简单随机抽样与类型抽样的计算；难点是抽样调查的基本原理。

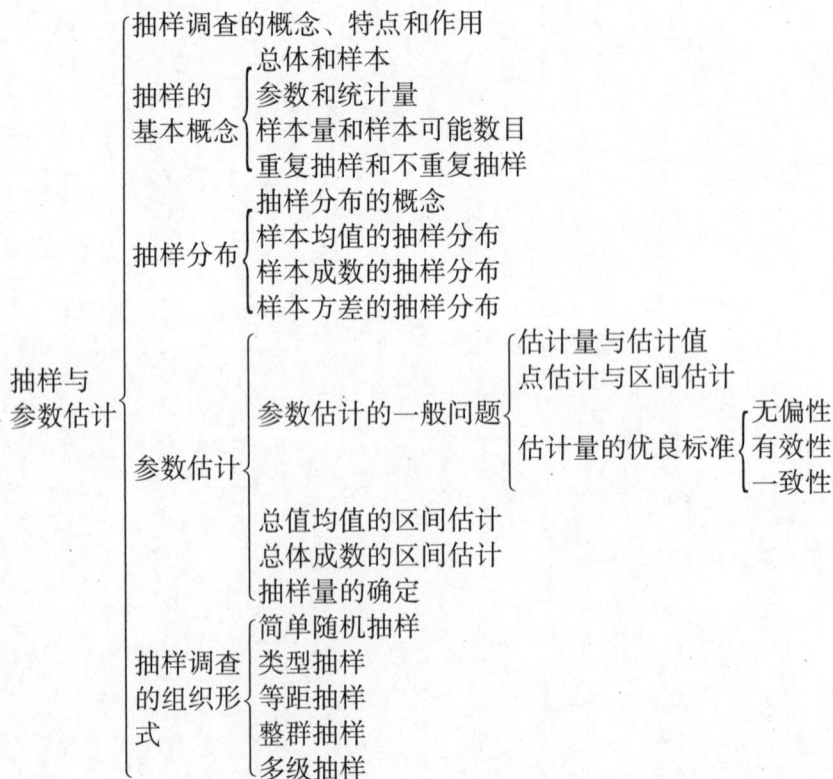

三、内容提示

- 抽样与参数估计
  - 抽样调查的概念、特点和作用
  - 抽样的基本概念
    - 总体和样本
    - 参数和统计量
    - 样本量和样本可能数目
    - 重复抽样和不重复抽样
  - 抽样分布
    - 抽样分布的概念
    - 样本均值的抽样分布
    - 样本成数的抽样分布
    - 样本方差的抽样分布
  - 参数估计
    - 参数估计的一般问题
      - 估计量与估计值
      - 点估计与区间估计
      - 估计量的优良标准
        - 无偏性
        - 有效性
        - 一致性
    - 总值均值的区间估计
    - 总体成数的区间估计
    - 抽样量的确定
  - 抽样调查的组织形式
    - 简单随机抽样
    - 类型抽样
    - 等距抽样
    - 整群抽样
    - 多级抽样

1. 简单随机抽样的计算公式：

（1）对于均值指标：

①样本均值 $\bar{x}=\dfrac{\sum_{i=1}^{n}x_i}{n}$ 或 $\bar{x}=\dfrac{\sum_{i=1}^{n}x_if_i}{\sum_{i=1}^{n}f_i}$

②抽样平均误差 $\begin{cases}\text{重复} & \sigma_{\bar{x}}=\sqrt{\dfrac{S^2}{n}}\\ \text{不重复} & \sigma_{\bar{x}}=\sqrt{\dfrac{S^2}{n}\left(1-\dfrac{n}{N}\right)}\end{cases}$

其中：当 $n\geqslant 30$ 时，$S^2=S_n^2=\dfrac{\sum_{i=1}^{n}(x_i-\bar{x})^2f_i}{\sum_{i=1}^{n}f_i}$

当 $n<30$ 时，$S^2=S_{n-1}^2=\dfrac{\sum_{i=1}^{n}(x_i-\bar{x})^2}{n-1}=\dfrac{\sum_{i=1}^{n}x_i^2-n\bar{x}^2}{n-1}$

③抽样极限误差 $\Delta_{\bar{x}}=z_{\alpha/2}\sigma_{\bar{x}}$ 或 $\Delta_{\bar{x}}=t_{\alpha/2}(n-1)\sigma_{\bar{x}}$

④区间估计 $\bar{X}=\bar{x}\pm\Delta_{\bar{x}}$

⑤样本量的确定 $\begin{cases}\text{重复} & n=\dfrac{z_{\alpha/2}^2s^2}{\Delta_{\bar{x}}^2}\\ \text{不重复} & n=\dfrac{Nz_{\alpha/2}^2s^2}{N\Delta_{\bar{x}}^2+z_{\alpha/2}^2s^2}\end{cases}$

（2）对于成数指标：

①样本成数 $p=\dfrac{n_1}{n}$

②抽样平均误差 $\begin{cases}\text{重复} & \sigma_p=\sqrt{\dfrac{S^2}{n}}\\ \text{不重复} & \sigma_p=\sqrt{\dfrac{S^2}{n}\left(1-\dfrac{n}{N}\right)}\end{cases}$

其中：当 $n\geqslant 30$ 时，$S^2=S_n^2=pq$

当 $n<30$ 时，$S^2=S_{n-1}^2=\dfrac{npq}{n-1}$

③抽样极限误差 $\Delta_p=z_{\alpha/2}\sigma_p$ 或 $\Delta_p=t_{\alpha/2}(n-1)\sigma_p$

④区间估计 $P=p\pm\Delta_p$

⑤样本量的确定 $\begin{cases}\text{重复} & n=\dfrac{z_{\alpha/2}^2pq}{\Delta_p^2}\\ \text{不重复} & n=\dfrac{Nz_{\alpha/2}^2pq}{N\Delta_p^2+z_{\alpha/2}^2pq}\end{cases}$

2. 类型抽样的计算公式：

（1）对于均值指数：

①抽样均值 $\bar{\bar{x}} = \dfrac{\sum_{i=1}^{k}\bar{x}_i n_i}{\sum_{i=1}^{k} n_i}$

②抽样平均误差
- 重复 $\sigma_{\bar{x}} = \sqrt{\dfrac{\overline{s^2}}{n}}$
- 不重复 $\sigma_{\bar{x}} = \sqrt{\dfrac{\overline{s^2}}{n}\left(1 - \dfrac{n}{N}\right)}$

其中：$\overline{s^2} = \dfrac{\sum_{i=1}^{k} s_i^2 n_i}{\sum_{i=1}^{k} n_i}$

③抽样极限误差 $\Delta_{\bar{x}} = z_{\alpha/2}\sigma\bar{x}$ 或 $\Delta_{\bar{x}} = t_{\alpha/2}$ $(n-1)$ $\sigma_{\bar{x}}$

④区间估计 $\bar{\bar{X}} = \bar{\bar{x}} \pm \Delta_{\bar{x}}$

⑤直接推算法 $(\bar{\bar{x}} \pm \Delta_{\bar{x}})$ N

（2）对于成数指标：

①样本成数 $p = \dfrac{\sum_{i=1}^{k} p_i n_i}{\sum_{i=1}^{k} n_i}$

②抽样平均误差
- 重复 $\sigma_p = \sqrt{\dfrac{\overline{s^2}}{n}}$
- 不重复 $\sigma_p = \sqrt{\dfrac{\overline{s^2}}{n}\left(1 - \dfrac{n}{N}\right)}$

其中：$\overline{s^2} = \overline{pq} = \dfrac{\sum_{i=1}^{k} p_i q n_i}{\sum_{i=1}^{k} n_i}$

③抽样极限误差 $\Delta_p = z_{\alpha/2}\sigma_p$ 或 $\Delta = t_{\alpha/2}$ $(n-1)$ σ_p

④区间估计 $P = p \pm \Delta_p$

四、思考题与解答要点

1. 什么是抽样调查？它有何特点和作用？

答：抽样调查是指从研究的总体中按随机原则抽取部分单位作为样本进行观察研究，并根据这部分单位的调查结果去推断总体，以达到认识总体的统计调查方法。

抽样调查的特点是：①抽样调查是一种非全面调查；②按随机原则抽取调查单位；③用总体中部分单位的指标数值去推断总体指标数值；④抽样调查中产生

的误差可以事先计算并加以控制。

抽样调查的作用：①用于不可能进行全面调查的总体数量特征的推断；②用于某些不必要进行全面调查的总体数量特征的推断；③用于全面调查资料的评价和验证；④用于生产过程的质量控制。

2. 抽样调查为什么要遵守随机原则？

答：因为抽样调查的目的在于用样本来推断总体的数量特征，因而要求抽样的部分单位能够充分地代表总体，只有严格遵守随机原则，才能使所选的样本结构与总体结构相同，或者两者的分布相一致；另外，只有遵守随机原则，才能按概率论的原则计算抽样误差，并进行抽样推断。

3. 什么是参数和统计量？两者有何联系与区别？

答：参数是指研究者想要了解的总体的某种特征值，也称总体参数或总体指标。统计量是指描述样本特征的概括性数字度量，也称样本统计量或样本指标。

联系：①运用抽样调查对参数进行推断估计必须通过统计量指标；②对全部样本而言，所有可能样本均值的再次均值等于总体参数；③对一个样本而言，当样本量个数逐步增大时，样本均值会逐渐接近总体参数。

区别：①参数是一个确定的量值，它与样本的取值无关；统计量是一个随机变量，它的不同取值取决于不同的样本。②参数是未知的；统计量通过抽样调查却是可知的。

4. 什么是抽样分布？它具有哪些不同性质的分布？

答：抽样分布是指样本统计量的概率分布。

它具有三种不同性质的分布：①总体分布；②样本分布；③抽样分布。

5. 什么是参数估计？参数估计量的优良标准有哪些？

答：参数估计是指用样本统计量估计总体参数的方法。

参数估计量的优良标准有三个：①无偏性；②有效性；③一致性。

6. 为什么要确定必要的样本量？必要的样本量受哪些因素影响？

答：必要的样本量是指满足一定精度要求和费用要求必须抽取的样本单位个数。在具体组织实施抽样调查前，首先应该确定一个适当的样本量，即抽取多少样本单位数。因为样本量的多少不仅关系到抽样精确度的高低，也关系到抽样调查所花费的人财物的多少。

必要的样本量受五种因素的影响：①受总体单位之间变异程度以及方差的影响；②受极限抽样误差的影响；③受概率保证程度的影响；④受抽样方法的影响；⑤受抽样组织方式的影响。

7. 什么是简单随机抽样？在抽取样本量时主要用哪几种抽选方法？

答：简单随机抽样又称纯随机抽样，它是根据随机原则直接从总体中抽取样本单位的一种抽样方法。

简单随机抽样在抽取样本量时的主要方法有：①直接抽选法；②抽签法；③随机数字表法。

8. 什么是抽样误差？它有哪些表现形式？

答：抽样误差是指按随机原则抽样时，在没有登记误差和系统性误差的条件下，单纯由于采用不同的随机样本统计量估计总体参数而产生的误差。抽样误差的表现形式有：①抽样实际误差；②抽样平均误差；③抽样极限误差。

9. 抽样实际误差、抽样平均误差和抽样极限误差有何区别与联系？

答：抽样实际误差、抽样平均误差和抽样极限误差的区别是：抽样实际误差是指在抽样调查中，样本指标与总体指标之差；抽样平均误差是指由于抽样的随机性而产生的所有可能样本指标与总体指标之间的平均离差；抽样极限误差是指样本指标与总体指标之间抽样误差的可能范围。

抽样实际误差、抽样平均误差和抽样极限误差的联系是：抽样平均误差是所有可能的抽样实际误差的平均离差，抽样极限误差等于 t 倍的抽样平均误差。

10. 影响抽样平均误差的主要因素有哪些？

答：影响抽样平均误差的主要因素有四个：①受总体单位之间变异程度的影响；②受样本量大小的影响；③受不同抽样方式的影响；④受不同抽样组织形式的影响。

11. 在简单随机抽样中，小样本与大样本的计算有何不同？

答：在简单随机抽样中，当 n 较大时，$n-1\approx n$，故在统计学中规定，当 $n\geqslant 30$，即大样本情况下，$\hat{\sigma}^2=s_n^2=\dfrac{\sum_{i=1}^{n}(x_i-\bar{x})^2 f_i}{\sum_{i=1}^{n}f_i}$；当 $n<30$，即小样本情况下，$\hat{\sigma}^2=s_{n-1}^2=\dfrac{\sum_{i=1}^{n}(x_i-\bar{x})^2}{n-1}$。

12. 什么是类型抽样？它有哪些特点？

答：类型抽样又称分层抽样或分类抽样，是指对总体各单位先按主要标志加以分类，然后再从各类中按随机原则抽选一定单位构成样本的抽样组织形式。其特点是：类型抽样通过对总体各单位分类后，可以使总体单位标志值比较接近的单位归为一类，使多类的分布比较均匀；在样本量一定的条件下，可以缩小抽样平均误差，提高抽样调查的效率。类型抽样在各类中抽取样本可以看成是总的样本数在各类中的分配。

13. 什么是等距抽样？它有哪些特点？

答：等距抽样又称机械抽样或系统抽样，是将总体全部单位按某一标志排列，而后按固定顺序和间隔来抽选样本单位的抽样组织形式。其特点是能提高样本单位分布的均匀性和样本的代表性。

14. 什么是整群抽样？它有哪些主要优点？

答：整群抽样是将总体各单位划分成若干群，然后以群为单位从中随机抽取一些群，对抽中群的所有单位都进行调查的抽样组织形式。其主要优点是：①设计和组织抽样比较方便；②节省人力、财力、物力和时间。

15. 什么是多级抽样？它有哪些优点？

答：多级抽样又称多阶段抽样。它是把抽取样本单位分为 n 个步骤进行，即先从总体中抽取一级单位，然后再从抽中的一级单位中抽取二级单位，直到抽取最终单位的抽样组织形式。其优点是：①调查的总体范围分布广；②节省人、财、物等费用；③灵活、方便。

五、习题解答

1. 设某班组有 5 个工人，他们的单位工时工资分别为 6、8、10、12、14 元，现用简单随机不重复抽样方式从 5 个工人中抽出 2 人，（1）试列出样本均值的抽样分布，分析样本平均数的数值特征。（2）样本均值小于 8 的频数、样本均值大于 12 的频数、样本均值在 8 ~ 12 之间的频数各为多少？

解：（1）由于是不重复抽样，用不考虑顺序的不重复抽样，共有 $C_N^n = C_5^2 = 10$ 个样本，这些样本如下表所示，计算每一个样本的均值 $\bar{x}$，参见表中括号内数值。

不考虑顺序的不重复抽样样本分布表

第一次抽取	第二次抽取				
	6	8	10	12	14
6		6，8（7）	6，10（8）	6，12（9）	6，14（10）
8			8，10（9）	8，12（10）	8，14（11）
10				10，12（11）	10，14（12）
12					12，14（13）
14					

将各种不同的 $\bar{x}$ 和频数分布编成下表，就构成了该总体的抽样分布。

不考虑顺序的不重复抽样样本分布及计算表

$\bar{x}_i$	频数 n_i	相对频数（%）	$\bar{x}_i n_i$	$[\bar{x}_i - E(\bar{x})]^2 n_i$
7	1	10	7	9
8	1	10	8	4
9	2	20	18	2
10	2	20	20	0
11	2	20	22	2
12	1	10	12	4
13	1	10	13	9
合计	10	100	100	30

根据表中数据计算抽样分布的样本均值的数学期望：

$$E(\bar{x}) = \frac{\sum_{i=1}^{C_N^n} \bar{x}_i}{C_N^n} = \frac{100}{10} = 10\text{（元）}$$

样本均值的方差：$\sigma_{\bar{x}}^2 = \frac{\sum_{i=1}^{C_N^n} [\bar{x}_i - E(\bar{x})]^2}{C_N^n} = \frac{30}{10} = 3$

总体 *X* 分布及计算表

总体序号	X_i	$(X_i - \mu)^2$
1	6	16
2	8	4
3	10	0
4	12	4
5	14	16
合计	50	40

根据上表中的数据计算总体分布的均值、方差和样本均值的方差如下：

总体均值 $E(X) = \frac{\sum_{i=1}^{N} X_i}{N} = \frac{50}{5} = 10$（元）

总体方差 $\sigma^2 = \frac{\sum_{i=1}^{N} (X_i - \mu)^2}{N} = \frac{40}{5} = 8$

样本均值的方差 $\sigma_{\bar{X}}^2 = \frac{\sigma^2}{n}\left(\frac{N-n}{N-1}\right) = \frac{8}{2} \times \left(\frac{5-2}{5-1}\right) = 3$

从以上总体分布和样本均值抽样分布的计算可以看出该班组工人单位工时工资：①总体分布的均值为 10 元（是一个常数），虽然每个样本均值（是一个随机变量）与总体均值有差异，但它们均值的数学期望等于总体均值；②总体分布的方差为 8（是一个常数），抽样分布的方差等于总体方差的 $\frac{1}{n}\left(\frac{N-n}{N-1}\right) = \frac{3}{8}$；③总体的分布为均匀分布，但样本均值的抽样分布在形态上却是对称的正态分布。

（2）从“不考虑顺序的不重复抽样样本分布及计算表”可以看出：样本均值小于 8 的频数 =10%；样本均值大于 12 的频数 =10%；样本均值在 8～12 的频数 =10% +20% +20% +20% +10% =80%。由此，进一步证明了样本均值的抽样分布在形态上是对称的正态分布，三者频数之和等于 100%。

2. 某大型股份公司设有 5 个工资级别，该公司人员的月平均工资为 5 000 元，标准差为 1 421 元，（1）是否可以认为，在这 5 个级别的人员中，95% 的人所挣工资在 2 215 ~7 785 元之间？为什么？（2）以下说法是否正确：如果反复地从这些级别中每次抽取 100 人的简单随机样本，这些人的平均工资约有 95. 45% 的概率落在 4 718 ~5 282 元之间。（3）以下说法是否正确：如果反复地从这些级别中每次抽取 10 000 人的简单随机样本，这些人的平均工资约有 99. 73% 的概率落在 4 718 ~5 282 元之间。

解：（1）已知：$\mu = 5\,000$，$\sigma = 1\,421$，下限 $\bar{x}_1 = 2\,215$，上限 $\bar{x}_2 = 7\,785$，$z = \dfrac{\bar{x} - \mu}{\sigma}$

则有：$z_1 = \dfrac{2\,215 - 5\,000}{1\,421} = -1.96$，$z_2 = \dfrac{7\,785 - 5\,000}{1\,421} = 1.96$

$P(-1.96 \leqslant z \leqslant 1.96) = 2\varphi(1.96) - 1 = 95\%$

可以认为，在这 5 个级别的人员中，有 95% 的人所挣工资在 2 215 ~7 785 元之间。

（2）已知：$\mu = 5\,000$，$\sigma = 1\,421$，下限 $\bar{x}_1 = 4\,718$，上限 $\bar{x}_2 = 5\,282$，$n = 100$，$z = \dfrac{\bar{x} - \mu}{\sigma / \sqrt{n}}$

则有：$z_1 = \dfrac{4\,718 - 5\,000}{1\,421/\sqrt{100}} = \dfrac{-282}{142.1} = -2.0$

$z_2 = \dfrac{5\,282 - 5\,000}{1\,421/\sqrt{100}} = \dfrac{282}{142.1} = 2.0$

$P(-2 \leqslant z \leqslant 2) = 95.45\%$

可以认为，反复地从这些级别中每次抽取 100 人的简单随机样本，这些人的平均工资有 95. 45% 的概率落在 4 718 ~5 282 元之间，这种说法是对的。

（3）已知：$\mu = 5\,000$，$\sigma = 1\,421$，下限 $\bar{x}_1 = 4\,718$，上限 $\bar{x}_2 = 5\,282$，$n = 10\,000$，$z = \dfrac{\bar{x} - \mu}{\sigma / \sqrt{n}}$

则有：$z_1 = \dfrac{4\,718 - 5\,000}{1\,421/\sqrt{10\,000}} = \dfrac{-282}{14.21} = -19.84$

$z_2 = \dfrac{5\,282 - 5\,000}{1\,421/\sqrt{10\,000}} = \dfrac{282}{14.21} = 19.84$

$P(-19.84 \leqslant z \leqslant 19.84) \to 1$

由第（2）小题可知，95. 45% 的概率对应的是均值偏离 2 倍标准差的区间，该题的区间是均值偏离 20 倍标准差的区间，所以认为这些人的平均工资有 99. 73% 的概率落在 4 718 ~5 282 元之间，这种说法是不对的。

3. 已知某糖果厂用自动包装机包糖，每包糖服从均值为 500 克、标准差为 24 克的正态分布。某日开工后随机抽查 36 包，问：（1）样本均值低于 492 克的概率为多少？（2）样本均值在 492～508 克之间的概率为多少？

解：（1）已知：$\mu = 500$，$\sigma = 24$，$n = 36$，$z = \dfrac{\bar{x} - \mu}{\sigma/\sqrt{n}} = \dfrac{492 - 500}{24/\sqrt{36}} = -2.0$

则：$P(\bar{x} < 492) = P(z < -2) = 0.022\,8$

即样本均值低于 492 克的概率为 2.28%。

（2）已知（1），则：$P(-492 \leqslant \bar{x} \leqslant 508) = P(-2.0 \leqslant z \leqslant 2.0) = 95.45\%$

即样本均值在 492～508 克之间的概率为 95.45%。

4. 某地区人口普查显示，该市人口老龄化（65 岁以上）的比率为 14.7%，若你作为暑期社会实践队成员对该市人口老龄化问题进行研究，随机调查了 400 名当地市民，问该市老龄化为 10%～16% 之间的概率为多少？

解：已知：$P = 14.7\%$，$n = 400$，$\sigma_p = \sqrt{\dfrac{P(1-P)}{n}} = \sqrt{\dfrac{0.147 \times (1 - 0.147)}{400}}$

$= 0.017\,7$

则：$P(0.10 < \hat{P} < 0.16) = P\left(\dfrac{0.10 - 0.147}{0.017\,7} < Z < \dfrac{0.16 - 0.147}{0.017\,7}\right)$

$= P(-2.66 < Z < 0.73) = \dfrac{1}{2} \times (0.992\,2 + 0.534\,6) = 76.34\%$

即该市老龄化在 10%～16% 之间的概率为 76.34%。

5. 某城市发现单人家庭的夏季电费单服从标准差为 10 元的正态分布。现随机抽取 25 份电费单作为样本。求：（1）样本方差小于 75 元的概率是多少？（2）样本方差大于 150 元的概率是多少？

解：（1）已知：$\sigma^2 = 10^2 = 100$，$n = 25$

卡方分布统计量：$\chi^2(v) = \dfrac{(n-1)s^2}{\sigma^2} = \dfrac{(25-1) \times 75}{100} = 18$

则：$P(s^2 < 75) = P(18 < \chi^2_{1-\alpha}(v)) = 1 - \alpha = 1 - 0.80 = 0.20$

查卡方分布表，18 在自由度 $v = n - 1 = 24$ 时，$\alpha = 0.80$，即该批单人家庭的夏季电费单方差小于 75 元的概率是 20%。

（2）已知卡方分布统计量：$\chi^2(v) = \dfrac{(n-1)s^2}{\sigma^2} = \dfrac{(25-1) \times 150}{100} = 36$

则：$P(s^2 > 150) = P(36 > \chi^2_{1-\alpha}(v)) = \alpha = 0.05$

查卡方分布表，36 在自由度 $v = n - 1 = 24$ 时，α 接近 0.05。即该批单人家庭的夏季电费单方差大于 150 元的概率是 5%。

6. 某市劳动和社会保障局想调查下岗职工中女性所占的比重，随机抽取 300 名下岗职工，发现其中 195 名为女性。试以 95.45% 的概率保证程度，估计该市下岗职工中女性比重的区间范围。

解：已知 $n = 300$，$n_1 = 195$，$z_{0.045\,5/2} = 2$，根据抽样结果计算，得

样本成数：$p=\frac{195}{300}=0.65$

抽样平均误差：$\sigma_p=\sqrt{\frac{p(1-p)}{n}}=\sqrt{\frac{0.65\times 0.35}{300}}=0.0275$

抽样极限误差：$\Delta_{\bar{x}}=z_{\alpha/2}\sigma_p=2\times 0.0275=0.0550$

区间估计：$p\pm\Delta_{\bar{x}}=0.65\pm 0.0550$

即在 95.45% 的概率保证程度下，该市下岗职工中女性所占比重在59.5% ~ 70.5%之间。

7. 某灯管厂生产 10 万支日光灯管，现采用简单随机不重复抽样方式抽取 1‰ 的灯管进行质量检验，测试结果如下表所示：

耐用时间（小时）	灯管数（支）
800 以下	10
800 ~ 900	15
900 ~ 1 000	35
1 000 ~ 1 100	25
1 100 以上	15
合计	100

根据上述资料：

（1）试计算抽样总体灯管的平均耐用时间。

（2）在 99.73% 的概率保证程度下，估计 10 万支灯管平均耐用时间的区间范围。

（3）按质量规定，凡耐用时间不及 800 小时的灯管为不合格品，试计算抽样总体灯管的合格率，并按 95% 的概率保证程度，估计 10 万支灯管的合格率区间范围。

（4）若上述条件不变，只是抽样极限误差可放宽到 40 小时，在 99.73% 的概率保证程度下，作下一次抽样调查，需抽多少支灯管检验？

解：计算如下所示。

耐用时间（小时）	灯管数 f（支）	组中值 x	xf	$(x-\bar{x})^2f$
800 以下	10	750	7 500	484 000
800 ~ 900	15	850	12 750	216 000
900 ~ 1 000	35	950	33 250	14 000

（续上表）

耐用时间（小时）	灯管数 f（支）	组中值 x	xf	$(x-\bar{x})^2f$
1 000 ~ 1 100	25	1 050	26 250	160 000
1 100 以上	15	1 150	17 250	486 000
合计	100		97 000	1 360 000

（1）$\bar{x}=\dfrac{\sum xf}{\sum f}=\dfrac{97\ 000}{100}=970$（小时）

（2）$s^2=\dfrac{\sum(x-\bar{x})^2f}{\sum f}=\dfrac{1\ 360\ 000}{100}=13\ 600$

$$\sigma_{\bar{x}}=\sqrt{\frac{s^2}{n}\left(1-\frac{n}{N}\right)}=\sqrt{\frac{13\ 600}{100}\times(1-0.001)}=11.66$$

$\Delta_{\bar{x}}=z_{\alpha/2}\sigma_{\bar{x}}=3\times11.66=34.98$

$\bar{x}\pm\Delta_{\bar{x}}=970\pm34.98$

即在 99.73% 的概率保证程度下，该批灯管的平均耐用时间为 935.02 ~ 1 004.98小时。

（3）$p=\dfrac{15+35+25+15}{100}=0.90$

$$\sigma_p=\sqrt{\frac{p(1-p)}{n}\left(1-\frac{n}{N}\right)}=\sqrt{\frac{0.90\times(1-0.90)}{100}\times(1-0.001)}=0.03$$

$\Delta_p=z_{\alpha/2}\sigma_p=1.96\times0.03=0.058\ 8$

$p\pm\Delta_p=0.90\pm0.058\ 8$

即抽样总体灯管的合格率为 90%；在 95% 的概率保证程度下，该批灯管的合格率在 84.12% ~ 95.88% 之间。

（4）
$$n=\frac{Nz_{\alpha/2}^2s^2}{N\Delta_{\bar{x}}^2+z_{\alpha/2}^2s^2}=\frac{100\ 000\times3^2\times13\ 600}{100\ 000\times40^2+3^2\times13\ 600}$$
$$=\frac{12\ 240\ 000\ 000}{160\ 122\ 400}=76.44\approx77\text{（支）}$$

8. 某厂报告期生产某产品20 000个，现采用简单随机不重复抽样方法对其合格率进行调查。已知过去进行的 3 次同类调查所得合格率分别为 97%、96% 和 95%，在 95.45% 的概率保证程度下，试求：（1）抽样极限误差不超过 1%，应抽多少个产品？（2）若把精确度提高一倍，在其他条件不变时，应抽多少个产品？（3）若把概率度缩小 1/2，在其他条件不变时，应抽多少个产品？（4）若经报告期研究后认为，由于机器磨损，原材料质量偏低等原因，可能导致产品标志变异度增大，估计成数方差为 0.073 6，在其他条件不变时，应抽多少个产品？

解：

（1）已知 $N=20\ 000$，$z_{\alpha/2}=2$，$\Delta_p=1\%$

$p_1(1-p_1)=0.97\times(1-0.97)=0.029\ 1$

$p_2(1-p_2)=0.96\times(1-0.96)=0.038\ 4$

$p_3(1-p_3)=0.95\times(1-0.95)=0.047\ 5$

取其最大值0.047 5，则：

$$n=\frac{Nz_{\alpha/2}^2p(1-p)}{N\Delta_p^2+z_{\alpha/2}^2p(1-p)}=\frac{20\ 000\times2^2\times0.047\ 5}{20\ 000\times0.01^2+2^2\times0.047\ 5}$$

$$=1\ 735.2\approx1\ 736(\text{个})$$

（2）若把精确度提高一倍，则：

$$n=\frac{Nz_{\alpha/2}^2p(1-p)}{N\Delta_p^2+z_{\alpha/2}^2p(1-p)}=\frac{20\ 000\times2^2\times0.047\ 5}{20\ 000\times\left(\frac{0.01}{2}\right)^2+2^2\times0.047\ 5}$$

$$=5\ 507.2\approx5\ 508(\text{个})$$

（3）若把概率度缩小1/2，则：

$$n=\frac{Nz_{\alpha/2}^2p(1-p)}{N\Delta_p^2+z_{\alpha/2}^2p(1-p)}=\frac{20\ 000\times\left(\frac{2}{2}\right)^2\times0.047\ 5}{20\ 000\times0.01^2+\left(\frac{2}{2}\right)^2\times0.047\ 5}$$

$$=464.0=464(\text{个})$$

（4）若估计成数方差 $p(1-p)=0.073\ 6$，则：

$$n=\frac{Nz_{\alpha/2}^2p(1-p)}{N\Delta_p^2+z_{\alpha/2}^2p(1-p)}=\frac{20\ 000\times2^2\times0.073\ 6}{20\ 000\times0.01^2+2^2\times0.073\ 6}$$

$$=2\ 566.2\approx2\ 567(\text{个})$$

9. 某校拟对大学生月生活费支出情况进行调查分析，已知该校有6 000名本科生，现采用简单随机不重复抽样方法调查20名，其月生活费支出分别为850、880、900、1 050、1 200、1 300、1 600、1 750、1 300、1 360、1 400、1 550、1 560、1 420、1 450、1 480、1 320、1 400、1 450、1 330元。在95%的概率保证程度下，试推断该校本科生月生活费支出的区间范围。

解：该题 $n<30$，为小样本抽样检验，则：

$$\bar{x}=\frac{\sum x}{n}=\frac{26\ 550}{20}=1\ 327.50\ (\text{元})$$

$$s_{n-1}^2=\frac{\sum_{i=1}^{n}x_i^2-n\bar{x}^2}{n-1}=\frac{36\ 380\ 700-20\times1\ 327.50^2}{20-1}=59\ 767.105\ 3$$

$$\sigma_{\bar{x}}=\sqrt{\frac{s_{n-1}^2}{n}\left(1-\frac{n}{N}\right)}=\sqrt{\frac{59\ 767.105\ 3}{20}\times\left(1-\frac{20}{6\ 000}\right)}=54.575\ 4$$

已知 $1-\alpha=0.95$，查 t 分布表得

$t_{\alpha/2}$（$n-1$）$=t_{0.025}$（19）$=2.093\ 0$

$\Delta_{\bar{x}}=t_{\alpha/2}$（$n-1$）$\times\sigma_{\bar{x}}=2.093\ 0\times54.575\ 4=114.23$

$\bar{x}\pm\Delta_{\bar{x}}=1\ 327.50\pm114.23$

即在95%的概率保证程度下，该校本科生月生活费支出在 1 213.27 ~ 1 441.73元之间。

10. 某县欲调查某种农作物的产量，由于平原、丘陵和山区的产量有差别，故拟划分为平原、丘陵和山区三层采用分层抽样。已知平原共有 120 个村，丘陵共有 100 个村，山区共有 180 个村。现按平原村、丘陵村和山区村等比例各抽 5% 的样本村，实割实测产量资料如下表所示：

平原		丘陵		山区	
样本村	当年产量（吨）	样本村	当年产量（吨）	样本村	当年产量（吨）
1	210	1	180	1	150
2	160	2	180	2	200
3	75	3	95	3	125
4	280	4	125	4	60
5	300	5	155	5	110
6	190			6	100
				7	180
				8	75
				9	90

根据上述资料：

（1）在 95.45% 的概率保证程度下，试估计该县农作物平均每村产量的区间范围。

（2）试推算该县农作物总产量的区间范围。

解：（1）

平原 $\bar{x}_1=\dfrac{\sum x_1}{n_1}=\dfrac{1\ 215}{6}=202.5$（吨）

$$s_1{}^2=\frac{\sum(x_1-\bar{x}_1)^2}{n-1}=6\ 757.5$$

丘陵 $\bar{x}_2=\dfrac{\sum x_2}{n_2}=\dfrac{735}{5}=147.0$（吨）

$$s_2{}^2=\frac{\sum(x_2-\bar{x}_2)^2}{n-1}=1\ 357.5$$

山区 $\bar{x}_3=\dfrac{\sum x_3}{n_3}=\dfrac{1\ 090}{9}=121.1$（吨）

$$s_3^{\ 2}=\frac{\sum(x_3-\bar{x}_3)^2}{n-1}=2\ 242.4$$

全县 $\bar{\bar{x}}=\frac{\sum\bar{x}_i n_i}{\sum n_i}=\frac{3\ 040}{20}=152(\text{吨})$

$$\overline{s^2}=\frac{\sum s_i^2 n_i}{\sum n_i}=\frac{67\ 513.74}{20}=3\ 375.687$$

$$\sigma_{\bar{x}}=\sqrt{\frac{\overline{s^2}}{n}\left(1-\frac{n}{N}\right)}=\sqrt{\frac{3\ 375.687}{20}\times\left(1-\frac{20}{400}\right)}=12.662\ 7$$

$$\Delta_{\bar{x}}=z_{\alpha/2}^2\sigma_{\bar{x}}=2\times 12.662\ 7=25.325\ 4$$

$$\bar{\bar{x}}\pm\Delta_{\bar{x}}=152\pm 25.325\ 4$$

即在 95.45% 的概率保证程度下，该县农作物平均每村产量在 126.67 ~ 177.33 吨之间。

（2）$(\bar{\bar{x}}\pm\Delta_{\bar{x}})\times N=(152\pm 25.325\ 4)\times 400$

即在 95.45% 的概率保证程度下，该县农作物总产量在50 670 ~ 70 930吨之间。

11. 某块麦地长 720 米，宽 100 米，其中包括 100 条垄。现从这块麦地中按等距抽样的方式，抽取 40 个 1 米长的垄为样本，那么，抽样间隔 = 总垄长/样本数 = （720 × 100）/40 = 1 800米。假定在地块中抽取第一个样本单位是 900 米，点前后各 1 米，以此为起点，以后每隔 1 800 米抽取一个样本单位，一直抽到 40 个样本单位为止。得到各样本单位的实割实测数据如下表所示：

样本产量（千克）	0.6	0.8	1.0	1.2	1.4	1.6
单位数（个）	5	7	13	8	4	3

根据上述资料，在概率保证程度为 95.45% 时，试估计该麦地的总产量区间范围。

解：

样本产量 x_i（千克）	单位数 n_i	$x_i n_i$	$(x_i-\bar{x})$	$(x_i-\bar{x})^2 n_i$
0.6	5	3.0	−0.44	0.968 0
0.8	7	5.6	−0.24	0.403 2
1.0	13	13.0	−0.04	0.020 8
1.2	8	9.6	0.16	0.204 8
1.4	4	5.6	0.36	0.518 4
1.6	3	4.8	0.56	0.940 8
合计	40	41.6		3.056 0

抽样均值：$\bar{x}=\dfrac{\sum x_i n_i}{\sum n_i}=\dfrac{41.6}{40}=1.04$（千克）

样本方差：$s^2=\dfrac{\sum (x_i-\bar{x})^2 n_i}{\sum n_i}=\dfrac{3.0560}{40}=0.0764$

抽样平均误差：$\sigma_{\bar{x}}=\sqrt{\dfrac{s^2}{n}\left(1-\dfrac{n}{N}\right)}=\sqrt{\dfrac{0.0764}{40}\times\left(1-\dfrac{40}{72\,000}\right)}$

$=0.0437$（千克）

抽样极限误差：$\Delta_{\bar{x}}=z_{\alpha/2}\sigma_{\bar{x}}=2\times0.0437=0.0874$（千克）

区间估计：$\bar{x}\pm\Delta_{\bar{x}}=1.04\pm0.0874$

推断该块麦地总产量：

$(\bar{x}\pm\Delta_{\bar{x}})\times N=(1.04\pm0.0874)\times72\,000$（千克）

即该块麦地总产量在 68 587.2 ~ 81 172.8 千克之间。

12. 从某县的 100 个村庄中随机抽出 10 个村，对中选村进行整村调查，调查结果得平均每户饲养家禽 35 只，各村平均数的方差为 16。试在 95.45% 的概率保证程度下，推断该县饲养家禽户均只数的区间范围。

解：已知 $R=100$，$r=10$，$\bar{x}=35$，$\delta^2=16$，$t=2$，则：

抽样平均误差　$\sigma_{\bar{x}}=\sqrt{\dfrac{\delta^2}{r}\left(\dfrac{R-r}{R-1}\right)}=\sqrt{\dfrac{16}{10}\times\left(\dfrac{100-10}{100-1}\right)}=1.2$（头）

抽样极限误差　$\Delta_{\bar{x}}=t_{\alpha/2}(n-1)\sigma_{\bar{x}}=2.2622\times1.2=2.7$（头）

区间范围　$\bar{x}\pm\Delta_{\bar{x}}=35\pm2.7$

即在 95.45% 的概率保证程度下，该县饲养家禽户均只数在 32 ~ 38 头之间。

六、综合自测题

（一）判断题

1. 抽样调查的目的在于用抽样指标去推断总体指标。　（　）
2. 不论总体单位数多少都适用抽样调查方法。　（　）
3. 对一个有限总体进行重复抽样，各次抽取的结果是相互独立的。（　）
4. 对一个无限总体进行不重复抽样，各次抽取的结果是相互独立的。　（　）
5. 抽样分布是指抽样调查的概率分布。　（　）
6. 参数估计是指用样本统计量估计总体参数的方法。　（　）
7. 抽样极限误差可以大于抽样平均误差，可以小于抽样平均误差，当然也可以等于抽样平均误差。　（　）
8. 对于简单随机重复抽样，若其他条件不变，样本量目增加 3 倍，则样本平均数抽样平均误差将必须减少 30%。　（　）
9. 对于简单随机重复抽样，若其他条件不变，要使抽样平均误差减少一半，则抽样量目将必须增加 1 倍。　（　）

10. 抽样误差产生的原因是抽样调查时违反了随机原则。 ( )

11. 抽样误差是抽样调查所固有的、无法消除的误差。 ( )

12. 在确定样本量目时，若总体成数方差未知，则 P 可取 0.5。 ( )

（二）单项选择题

1. 样本均值和总体均值（ ）。

①前者是一个确定值，后者是随机变量

②前者是随机变量，后者是一个确定值

③两者都是随机变量

④两者都是确定值

2. 抽样分布是指样本统计量的概率分布，它不包括（ ）。

①样本均值的抽样分布 ②样本成数的抽样分布

③样本方差的抽样分布 ④样本量的抽样分布

3. 简单随机抽样的结果（ ）。

①完全由抽样方式决定 ②完全由随机性决定

③完全由主观因素决定 ④完全由客观因素决定

4. 产生抽样误差的主要原因在于( )。

①抽样方法的优劣 ②抽样技术的高低

③调查组织工作的好坏 ④样本与总体的差异

5. 以下错误的概念是：在抽样调查中，抽样误差( )。

①是不可避免要产生的

②是可以通过改进调查方式来消除的

③是可以事先计算出来的

④其大小是可以控制的

6. 设一个盒子里装有编号为①②③的三个球，现按考虑顺序的重复抽样方式从中随机抽出两个球组成样本，则样本可能数目为( )。

①$3^2=9$ ②$\frac{4!}{2!\ 2!}=6$ ③$\frac{3!}{1!}=6$ ④$\frac{3!}{2!\ 1!}=3$

7. 在总体内部情况复杂，且各单位之间差异程度较大，单位数较多的情况下，一般宜采用( )。

①简单随机抽样 ②类型抽样

③等距抽样 ④整群抽样

8. 在其他条件不变的情况下，抽样平均误差的大小与抽样单位数目的多少( )。

①成正比 ②成反比 ③成等比 ④不相干

9. 在 95.45% 的概率保证程度下，当抽样极限误差为 0.06 时，则抽样平均误差等于( )。

①0.02 ②0.03 ③0.12 ④0.18

10. 抽样成数指标 P 值越接近1，则抽样成数平均误差 μ_P 值(　　)。
①越大　②越小　③越接近0.5　④越接近1

（三）多项选择题

1. 抽样分布按不同性质划分，有（　　）。
①总体分布　②样本分布　③抽样分布
④正态分布　⑤极限分布
2. 参数估计是指用样本统计量估计总体参数的方法，它包括（　　）。
①用样本均值估计总体均值
②用样本成数估计总体成数
③用样本方差估计总体方差等
④用样本单位数估计总体单位数
⑤用样本误差估计总体误差
3. 下列说法正确的有（　　）。
①参数是唯一确定的　②统计量是唯一的
③参数是未知的常数　④统计量可有多个
⑤统计量是随机变量
4. 抽样调查的特点包括(　　)。
①是一种全面调查
②是一种非全面调查
③是按随机原则抽取调查单位
④是用总体中部分单位的指标数值去推断总体指标数值
⑤抽样调查中产生的误差可以事先计算并加以控制
5. 抽样误差是指(　　)。
①抽样实际误差　②抽样登记误差
③系统性误差　④抽样平均误差
⑤抽样极限误差
6. 抽样调查估计量的优良标准是(　　)。
①随机性　②无偏性　③及时性　④有效性　⑤一致性
7. 影响抽样平均误差大小的主要因素是(　　)。
①总体单位之间的变异程度　②总体标准差的大小
③抽样单位数的多少　④抽样方法的不同
⑤抽样组织的方式不同
8. 影响必要的样本量的因素有(　　)。
①总体单位之间的变异程度　②极限抽样误差
③概率保证程度　④抽样方法
⑤抽样组织方式

9. 抽样调查与典型调查的主要区别在于(　　)。

①选择单位的原则不同

②能否计算和控制误差的不同

③调查目的不同

④调查的组织方式不同

⑤推断是否与概率相联系的不同

(四) 填空题

1. 抽样调查是建立在__________基础上的一种科学的调查方法。

2. 抽样调查的最大特点和优点，在于可事先计算和控制__________。

3. 抽样调查的理论主要是围绕__________和__________之间的关系展开的。

4. __________是指样本统计量的概率分布。由于样本统计量是由 n 个随机变量构成的样本的函数，所以，它属于随机变量函数的分布。

5. 英国统计学家 R. A. Fisher（1890—1962）曾把__________、__________和假设检验列为统计推断的三个中心内容。__________是进一步学习__________、假设检验以及方差分析等内容的基础，因此，掌握它的理论与方法十分重要。

6. 在抽样调查中，__________是唯一确定的，是固定的量；__________随着抽选方式方法的不同而不同，是一个随机变量。

7. 简单随机重复抽样，当样本单位数为 900 时，则抽样平均误差等于总体标准差的__________。

8. 进行简单随机重复抽样，若使抽样平均误差减少 25%，则样本量需要增加__________。

9. 在所有随机抽样调查方式中，最基本、最常用的方式有______________________________等五种。

(五) 简答题

1. 什么是抽样调查？它有哪些特点和作用？

2. 抽样调查所依据的理论基础和必须遵循的首要原则是什么？为什么？

3. 什么是参数和统计量？两者有何联系与区别？

4. 什么是抽样分布？它具有哪些不同性质的分布？

5. 什么是参数估计？参数估计量的优良标准有哪些？

6. 类型抽样与整群抽样有何异同点？它们分别适用于什么场合？

7. 影响抽样平均误差的主要因素有哪些？

8. 某家具公司生产桌子的长度服从正态分布，平均长度为 120 厘米，标准差为 0. 05 厘米。该公司的经理保证说，他们生产的桌子长度的误差不超过 0. 10 厘米，并且他有 99. 7% 的把握下此结论。你是否同意他的结论？说明理由。

(六) 计算题

1. 从一批 5 000 支灯管中按不重复抽样的方法随机抽取 100 支进行耐用时间的质量检验，已知该种型号的灯管平均寿命为 1 600 小时，标准差为 600 小时，试计算该样本平均寿命不小于 1 500 小时的概率。

2. 某新华书店的总经理发现 20% 进入该书店的顾客会购买图书。某天上午有 180 名顾客进入该书店，以此作为随机样本。问：（1）顾客购买图书的样本比例分布的均值是多少？（2）样本比例分布的方差是多少？样本比例低于 0.15 的概率是多少？

3. 某生产电子监控设备的企业，从总体产品中随机抽出 6 个产品进行电阻的检测，已知总体的标准差为 3.6 欧姆，试确定样本方差的上限，使超过这一上限的概率小于 0.05。

4. 为了解某居民区的用电情况，随机抽样调查了 100 户居民，调查结果测得月平均用电为 96 度，标准差为 24 度。试以 95% 的概率保证程度，推断该居民区各居民户平均用电量的区间范围。

5. 某电视台要了解某次电视节目的收视率，随机抽取 500 户城乡居民作为样本。调查结果显示，其中有 160 户城乡居民收看该电视节目。试以 95.45% 的概率保证程度：（1）推断该电视节目收视率的区间范围；（2）如果使收视率的抽样极限误差缩小为原来的1/2，作下次抽样调查，则需要抽取多少样本单位数？

6. 某种零件的重量服从正态分布，现从中抽得容量为 16 的样本，测得其重量（单位：千克）分别为 4.8、4.7、5.0、5.2、4.7、4.9、5.0、5.0、4.6、4.7、5.0、5.1、4.7、4.5、4.9、4.9。在 95% 的概率保证程度下，试推断该批零件平均重量的区间范围。

7. 某市有职工 80 万人，其中国有企业职工 25 万人，非国有企业职工 55 万人。现采用类型比例抽样方式对职工收入水平进行调查，调查结果资料如下表所示。

按人均月收入水平分组（元）	国有企业职工（人）	非国有企业职工（人）
4 000 以下	4	5
4 000 ~ 5 500	12	10
5 500 ~ 7 000	18	18
7 000 ~ 8 500	10	40
8 500 ~ 10 000	4	25
10 000 以上	2	12
合计	50	110

根据表中资料，试求：（1）抽样平均数；（2）在 95.45% 的概率保证程度下，对该市职工月平均收入作区间估计；（3）推算该市职工月收入总额的区间范围。

第八章 假设检验

一、学习目的与要求

本章旨在讨论统计推断的另一个问题——假设检验问题，并要求理解：①假设检验的概念及基本思路；②显著性水平及其在假设检验中的作用；③双侧检验与单侧检验的方法；④两类错误的关系及检验功效的衡量。

二、学习重点与难点

本章的学习重点主要是第一节中的假设命题和显著性水平，第二节中的 Z 检验和 t 检验，第三节的全部内容；难点则是总体均值检验、总体方差检验，以及两类错误分析。

三、内容提示

- 假设检验
  - 假设检验的意义
    - 假设检验的作用
    - 估计与检验的必然联系
    - 假设的命题：原假设与备选假设
    - 显著性水平
  - 假设检验的基本思路与方法
    - 假设检验的思路与程序
    - 双侧检验与单侧检验
    - Z 检验与 t 检验
  - 总体参数检验
    - 总体均值检验
    - 总体成数检验
    - 总体方差检验
      - 右单侧检验
      - 左单侧检验
      - 双侧检验
    - 两类错误分析

四、思考题与解答要点

1. 什么是假设检验？假设检验的基本思路是什么？

答：运用统计方法检验一个事先作出的假设，这一假设叫作统计假设，对这一假设的检验叫作假设检验。假设检验的基本思路是：①对总体参数作某种假设。②根据从样本得到的信息，考虑接受假设是否会导致不合理的结果；如结果合理就接受假设，结果不合理则否定假设。

2. 试述假设检验和区间估计的联系与区别。

答：（1）两者的区别：①概念不同：假设检验是指利用样本的实际统计量去检验事先对总体某些数量特征所作的假设是否可信，进而为决策取舍提供依据的一种统计分析方法。区间估计是根据给出的置信度要求，指出总体参数被估计的上限和下限的范围。②作用不同：假设检验是以样本特征值验证假设的总体特征值是否成立的一种统计推断方法。区间估计是样本按一定的概率把握程度估计总体的区间范围。③测算方法不同：假设检验测算方法是先提出假设，然后根据样本数据计算统计量，再与给定的临界点比较，最后作出拒绝或接受原假设的决策。区间估计测算方法是根据样本数据，先测算点估计量，然后运用所给定的置信度测算极限误差，最后运用点估计量和极限误差测算总体参数的区间范围。

（2）两者的联系：①两者是对同一个问题从不同角度的测量：事实上，这两者对同一个实例用的是同一个样本，同一个统计量，同一种分布，因而可由区间估计问题转换成假设检验问题，也可由假设检验问题转换成区间估计问题。②两者互为补充：假设检验可以看成是区间估计中置信区间的另一种表达方式。换句话说，我们可以用置信区间估计技术来处理有关假设检验问题。因为置信区间实际上是在一定的概率保证程度下利用样本资料计算得到的关于总体参数可能存在的范围，而我们进行假设检验时对总体参数所作的假设，有可能落在置信区间之外，也有可能落在置信区间里面。③区间估计是假设检验的基础：区间估计是根据给出的置信度要求，指出总体参数被估计的上限和下限，假设检验正是利用区间估计的上限或下限来判断结果是否合理，即判断被估计的参数是否差异显著。④置信区间是所有可以接受的假设的集合。在同一样本、同一统计量、同一分布的情况下，落在置信区间之外的假设可以判定为具有显著性差异，不能接受；而落在置信区间里面的假设则不能说它存在显著性差异，因此不能拒绝它，必须等获得更多的信息以后再作决定。所以，我们可以将置信区间看作是所有可以接受的假设的集合。

3. 什么是显著性水平和检验临界值?

答：在统计检验中，判别假设是否合理，是根据一定标准来确定的。这个标准是在检验之前由人们事先主观选定的概率值，用 α 表示。这个值表明抽样结果和原假设是否存在显著差异，因此 α 值也称为显著性水平。所谓临界值，就是根据事先给定的显著性水平，划分接受域与拒绝域的数值。

4. 什么是原假设？什么叫备选假设?

答：原假设就是研究者对总体参数值事先提出的假设，备选假设是研究者通过检验希望能够成立的假设。

5. 假设检验的一般程序是什么?

答：假设检验的一般程序依次为：①设立假设；②决定显著性水平及相应的

临界值；③计算统计量；④比较统计量与临界值，并作出决策。

6. 什么是双侧检验？什么是单侧检验？它们各自适用于何种情况？

答：双侧检验是当我们所关心的问题是要检验样本平均数与总体平均数有没有显著差异，而不问差异的方向是正差或负差时所采用的方法。

单侧检验则是指当我们所要检验的是样本所取自的总体其参数值是偏高或偏低于某个特定值时所选择使用的一种单方面的检验方法。

7. 什么是第一类型错误？什么是第二类型错误？两类错误间的关系如何？

答：我们把否定了真实的原假设的错误称为第一类型错误，把接受了不真实的原假设的错误称为第二类型错误。第一类型错误和第二类型错误是一对矛盾。其他情况不变时，若减少犯第一类型错误的可能性，就必然增加犯第二类型错误的可能性。

五、习题与解答

1. 某食品公司销售一种果酱，按标准规格每罐净重为 250 克，标准差是 3 克。现食品公司从生产该果酱的工厂进了一批货，抽取其中的 100 罐，测得平均净重为 251 克。问该批果酱是否符合标准？（$\alpha=0.05$）

解：H_0：$u=250$　H_1：$\mu\neq250$（双侧检验）

$\alpha=0.05\rightarrow Z(0.05,99)=1.96$

$$Z=\frac{|251-250|}{\dfrac{3}{\sqrt{100}}}=3.33>Z(0.05,\ 99)=1.96$$

∴ 判定差异显著，舍弃 H_0。

2. 根据统计资料，彩电的无故障工作时间服从正态分布，平均无故障工作时间为 10 000 小时。为了提高彩电的质量水平，延长无故障工作时间，生产厂家采取了改进措施。现抽取 100 台改进后生产的彩电，得出平均无故障工作时间为 10 900 小时，标准差为 500 小时。问能否据此认为彩电的平均无故障工作时间有显著增加？（$\alpha=0.01$）

解：H_0：$\mu\leqslant10\ 000$；H_1：$\mu>10\ 000$（单侧检验）

$\alpha=0.01\rightarrow Z(0.01,\ 99)=2.36$

$$Z=\frac{10\ 900-10\ 000}{\dfrac{500}{\sqrt{100}}}=18>Z(0.01,\ 99)=2.36$$

∴ 判定无故障工作时间有显著增加。

3. 已知某市青年的初婚年龄服从正态分布。现抽取 1 000 对新婚青年，发现样本平均年龄为 24.5 岁，样本标准差为 3 岁。问是否可以据此认为该地区平均初婚年龄没有达到晚婚年龄（25 岁）的标准？（$\alpha=0.05$）

解：H_0：$\mu\geqslant25$；H_1：$\mu<25$（单侧检验）

$\alpha = 0.05 \rightarrow Z(0.05, 999) = -1.65$

$$Z = \frac{24.5 - 25}{\frac{3}{\sqrt{1\,000}}} = -5.27 < -1.65$$

∴ 判定没有显著达到晚婚年龄。

4. 某质量管理部门从一家企业抽查了 180 件准备出厂的产品作为样本进行检查，发现其中有 168 件为合格品。问该企业全部产品的合格率是否达到 95%？($\alpha = 0.05$)

解：H_0：$P \leqslant 95\%$；H_1：$P > 95\%$（单侧检验）

$\alpha = 0.05 \rightarrow Z_{0.05} = 1.65$

$$Z = \frac{\frac{168}{180} - 95\%}{\sqrt{\frac{0.05 \times 0.95}{180}}} \approx 1.026 < Z_{0.05}$$

∴ 判定合格率未达到 95%。

5. 根据原有资料，某城市居民彩电的拥有率为 60%。现根据最新 100 户的抽样调查，发现彩电的拥有率为 62%。问能否认为彩电的拥有率有新增长？($\alpha = 0.05$)

解：H_0：$P \leqslant 60\%$；H_1：$P > 60\%$（单侧检验）

$\alpha = 0.05$；$Z_{0.05} = 1.65$

$$Z = \frac{62\% - 60\%}{\sqrt{\frac{40\% \times 60\%}{100}}} \approx 0.41 < Z_{0.05} = 1.65$$

∴ 判定没有显著的新增长。

6. 从一个连续对称总体中，抽取一个 $n = 18$ 的随机样本，测得样本值如下：8，10，17，15，16，20，11，9，10，10，18，15，11，12，19，13，14，12。问在显著性水平 $\alpha = 0.05$ 下，其中位数是否等于 15？

解：H_0：$M = 15$；H_1：$M \neq 15$（双侧检验）

对于每个数据，凡大于 15 的记为“+”，小于 15 的记为“-”，等于 15 的剔除。

则有 $\alpha_+ = 5$；$\alpha_- = 11$；$\therefore n = 11 + 5 = 16$

$\alpha = 0.05$，则每侧 $\frac{\alpha}{2} = 0.025$，则 $n = 16$ 时，查二项分布临界值表，得临界值为 13。

$\alpha_+ < 13$；$\alpha_- < 13$

∴ 判定中位数为 15。

7. 某市全部职工家庭中，订阅某种报纸的占 20%。最近，从订阅数量来看，似乎出现减少的迹象。为了检验订阅率是否存在变化，任选 100 户职工家庭进行

调查，获得其样本订阅率 p 为0.16。问这种报纸的订阅率是否显著地降低了？（取 $\alpha=0.06$）

解：H_0：$P\geq 20\%$；H_1：$P<20\%$（单侧检验）

$\alpha=0.06$；$Z_{0.06}=-1.55$

$$Z=\frac{16\%-20\%}{\sqrt{\frac{0.2\times 0.8}{100}}}=-1>-1.55$$

∴ 判定并没有显著降低。

8. 某种型号汽车的制造商保证说，他的汽车使用每升纯净汽油平均行驶里程为50千米。选取9辆汽车的随机样本，每辆汽车用1升纯净汽油行驶。由样本获得的信息是平均值为47.4千米，标准差为4.8千米，使用0.05的显著性水平。问你对汽车制造商的保证作何评价？

解：H_0：$\mu\geq 50$；H_1：$\mu<50$（单侧检验）

$\alpha=0.05$；t（0.05，8）$=-1.86$

$$t=\frac{47.4-50}{\frac{4.8}{\sqrt{9}}}=-1.625>-1.86$$

∴ 制造商的保证还是可信的。

9. 在下列练习中，给出显著性水平和试验结果相应的概率值，试述你将作出何种决策——拒绝 H_0 或接受 H_0。

（1）$\alpha=0.05$，$p=0.65$；（2）$\alpha=0.01$，$p=0.009$；

（3）$\alpha=0.01$，$p=0.025$；（4）$\alpha=0.05$，$p=0.025$；

（5）$\alpha=0.01$，$p=0.10$；（6）$\alpha=0.05$，$p=0.49$；

（7）$\alpha=0.05$，$p=0.049$；（8）$\alpha=0.01$，$p=0.012$。

答：（1）接受；（2）拒绝；（3）接受；（4）拒绝；（5）拒绝；（6）接受；（7）拒绝；（8）接受。

10. 在下列练习中，给出 H_0、α、P 的观察值以及 H_0 的实际情况，请陈述错误的类型。

（1）H_0：$P=Q=1/2$，$\alpha=0.01$ 单侧检验，$P=0.008$（单侧），H_0 为真。

（2）H_0：$P=Q=1/2$，$\alpha=0.05$ 双侧检验，$P=0.08$（双侧），H_0 为真。

（3）H_0：$P=Q=1/2$，$\alpha=0.05$ 双侧检验，$P=0.06$（双侧），H_0 不为真。

（4）H_0：$P=Q=1/2$，$\alpha=0.05$ 双侧检验，$P=0.03$（双侧），H_0 不为真。

（5）H_0：$P=Q=1/2$，$\alpha=0.01$ 双侧检验，$P=0.005$（双侧），H_0 不为真。

答：（1）第一类型错误；（2）没有错误；（3）第二类型错误；（4）没有错误；（5）没有错误。

11. 某橡胶厂生产的汽车轮胎平均寿命为40 000千米，标准差为7 500千米。该厂经过技术革新，试制了一种新型汽车轮胎，技术人员拟抽试100只新型轮胎，以判断其寿命是否有所提高。兹选定第一类型错误最大不超过1%，若要获得新型轮胎寿命显著地超过老型轮胎的结论，100只样本轮胎的平均寿命需要达到多少千米？若新型轮胎的寿命实际为42 000千米，而抽样检验的结果却低于所确定的临界里程，从而导致技术人员作出错误判断。问这属于哪一类型的错误？其概率值是多少？并计算其检验力。

解：（1）$\alpha=0.01$；$Z_{0.01}=2.326$（单侧检验）

则 $\dfrac{\bar{x}-40\ 000}{\dfrac{7\ 500}{\sqrt{100}}}=2.326 \rightarrow x=41\ 744.5$（千米）

即至少平均寿命要达到41 744.5千米。

（2）这类错误为第二类型错误。

$$P=P\left(Z\leqslant\frac{41\ 744.5-42\ 000}{\dfrac{7\ 500}{\sqrt{100}}}\right)=0.133$$

其检验力 $=1-0.133=0.867$。

六、综合自测题

（一）判断题

1. 原假设与备选假设一定是对应的关系。 （ ）
2. 假设检验中犯第一类型错误的后果比犯第二类型错误的后果更为严重。 （ ）
3. 显著性水平越小，犯检验错误的可能性越小。 （ ）
4. 假设检验一般是针对错误的抽样推断做的。 （ ）
5. 对总体成数的检验一般采用 Z 检验法为好。 （ ）

（二）单项选择题

1. 下面有关小概率原则的说法正确的是(　　)。

①小概率原则事件就是不可能事件

②它是指当一个事件的概率不大于充分小的界限 α（$0<\alpha<1$）时，可认为该事件为不可能事件

③基于“小概率原则”完全可以对某一事件发生与否作出正确判断

④总体推断中可以不予考虑的事件

2. 假设检验中的第一类型错误也叫(　　)。

①弃真错误　　②纳伪错误

③假设错误　　④判断错误

3. 如果是小样本数据的均值检验，应该采用(　　)。

①t 检验　　②Z 检验

③秩符检验　　④以上都不对

4. 如果检验总体方差的显著性，应采用的检验方法是(　　)。

①t检验　　②Z检验

③χ^2检验　　④以上都对

（三）多项选择题

1. 一个优良的统计量通常要符合的标准有(　　)。

①无偏性　　②一致性　　③有效性

④完整性　　⑤随机性

2. 在统计检验假设中，通常要对原假设作出判断，就有可能会犯错误。这些错误分别是(　　)。

①第一类型错误（α类）　②第二类型错误（β类）

③功效错误　　④系统错误

⑤代表性错误

3. 科学的抽样估计方法要具备的要素是(　　)。

①合适的统计量　　②抽样方法

③合理的误差范围　　④可接受的置信度

⑤严格遵守随机原则

（四）简答题

1. 举例说明两类错误和检验功效效率。

2. 简述假设检验的基本思路。

3. χ^2检验有何特点和要求？

4. 为什么在实际生活中t检验比Z检验用得更多？

（五）计算题

1. 用一台自动包装机包装葡萄糖，按规格每袋净重0.5千克。长期积累的数据资料表明，每袋的实际净重服从正态分布，标准差为0.015千克。现在从成品中随机抽取9袋，其净重分别为0.479、0.500 6、0.518、0.511、0.524、0.488、0.515、0.512、0.480。试根据抽样结果说明：（1）标准差有无变化？（2）袋糖的平均净重是否符合规格？（$\alpha=0.05$）

2. 环境保护条例规定，在排放的工业废水中，某有害物质含量不得超过0.5‰。现在取5份水样测定有害物质含量，得到如下数据：0.53‰、0.542‰、0.51‰、0.495‰、0.515‰。问抽检结果是否能说明含量超过规定界限？（$\alpha=0.05$）

第九章 相关与回归

一、学习目的与要求

通过对本章的学习，使读者明确相关与回归的概念、种类，相关与回归分析的作用，掌握直线相关与简单直线回归分析的原理和计算方法。

二、学习重点与难点

本章的学习重点是直线相关与简单直线回归分析的计算；难点是相关与回归在计算上的联系。

三、内容提示

相关与回归
- 相关与回归分析的概念、种类
- 直线相关与简单直线回归分析公式
  - 简单直线回归方程：$\hat{y} = a + bx$
  - 参数估计：
    - $b = \dfrac{n\sum xy - \sum x\sum y}{n\sum x^2 - (\sum x)^2}$
    - $a = \dfrac{\sum y}{n} - b\dfrac{\sum x}{n}$
  - 直线相关系数：$R = \dfrac{n\sum xy - \sum x\sum y}{\sqrt{n\sum x^2 - (\sum x)^2}\ \sqrt{n\sum y^2 - (\sum y)^2}}$
  - 估计标准误差：$S_y = \sqrt{\dfrac{\sum y^2 - a\sum y - b\sum xy}{n-m}}$
- 曲线相关与曲线回归分析
- 时间数列自身相关与自身回归分析
- 复相关与复回归分析
- 应用相关与回归分析应注意的问题

四、思考题与解答要点

1. 什么是相关关系？相关关系与函数关系有何区别与联系？

答：函数关系反映的是现象之间存在的严格的依存关系。在这种关系中，对于某一变量的每一个数值，都有另一变量的确定的值与之相对应，并且这种关系可以用一个数学表达式反映出来。相关关系反映现象之间存在的非严格的、不确定的依存关系。其主要特征是：①现象之间确实存在数量上的客观内在联系，表现在一个现象发生数量上的变化，会使另一现象也相应地发生数量变化；②现象之间的数量依存关系是不确定的，具有一定的随机性，表现在给定自变量一个数值，因变量会有若干个数值和它对应，在这若干个数值之间有一定的波动，因变量总是围绕这些数值的平均数并遵循一定规律变动。

函数关系和相关关系既有区别又有联系。其区别是：①函数关系所反映的现象之间的具体关系值固定，自变量与因变量在数量上一一对应；②相关关系所反映的现象之间的具体关系值不固定，自变量与因变量在数量上不一一对应。两者之间的联系是：①函数关系中的自变量与因变量由于观察或实验出现误差，其关系值也不可能绝对固定，有时也通过相关关系来反映；②相关关系的定量分析必须用函数表达式来近似地反映自变量与因变量之间的一般关系值，若假定其他随机偶然因素不存在，相关关系就变为函数关系。

2. 什么是回归分析与相关分析？两者有何区别与联系？

答：回归分析是研究某一随机变量（因变量）与其他一个或几个普通变量（自变量）之间数量变动关系的方法。相关分析是研究两个或两个以上随机变量之间相互依存关系的方向和密切程度的方法。

两者的区别：相关分析研究的都是随机变量，并且不分自变量与因变量；回归分析研究的变量要定出自变量与因变量，并且自变量是确定的普通变量，因变量是随机变量。两者间的联系是：它们是研究现象之间相互依存关系的两个不可分割的方面。在实际工作中，一般先进行相关分析，由相关系数或相关指数的大小决定是否需要进行回归分析，而后在相关分析的基础上拟合回归方程，以便进行推算或预测。

3. 相关关系有哪些种类？

答：相关关系按不同情况可分为不同的种类。①按变量的多少，可以分为单相关和复相关；②按相关形式的不同，可以分为线性相关和非线性相关；③按相关方向的不同，可以分为正相关和负相关；④按相关程度的高低，可以分为完全相关、不完全相关和不相关；⑤按变量之间的依存关系，可以分为单向因果关系、互为因果关系和分不清因果关系的依存关系。

4. 回归方程有哪些种类？

答：回归方程按不同情况可分为不同的种类。①按变量的多少，可以分为一元回归方程和多元回归方程；②按是否线性，可以分为线性回归方程和非线性回归方程；③按是否有滞后关系，可以分为自身回归方程和无自身回归现象的回归方程；④按是否带虚拟变量，可分为普通回归方程和带虚拟变量回归方程。

5. 相关与回归分析有何作用？

答：相关与回归分析的作用：①可以研究经济现象之间的相关形式、相关方向和密切程度，认识其数量变化的规律性；②可以对经济现象进行推算和预测，为各级领导提供借鉴，为制定经济政策和管理决策提供科学依据；③可以用于补充缺少的资料。

6. 相关与回归分析一般分为哪几个步骤?

答：相关与回归分析一般可分为以下五个步骤：①进行相关关系的定性分析；②确定回归方程；③计算相关系数或相关指数，对回归方程变量之间的相关性进行显著性检验；④利用回归方程式进行推算和预测；⑤对推算和预测作出置信区间估计。

7. 简单直线回归分析有哪些特点?

答：简单直线回归分析的特点是：①两个变量的地位不是对等关系，其中一个是自变量，另一个是因变量；②因变量为随机变量，而自变量为非随机变量；③回归方程可利用自变量的给定值来推算因变量的相应值；④回归系数可正可负，正号说明两个变量为正相关，负号说明两个变量为负相关。

8. 在直线回归方程 $\hat{y}_i = a + bx_i$ 中，参数 a 和 b 的几何意义和经济意义分别是什么?

答：在直线回归方程 $\hat{y}_i = a + bx_i$ 中，参数 a 和 b 的几何意义是，a 是直线的截距，b 是直线的斜率。

其经济意义是：a 是作为因变量经济现象的起点值；b 是回归系数，即作为自变量经济现象每增加或减少一个单位，则作为因变量经济现象也随之增加或减少一个单位。

9. 直线相关分析有哪些特点?

答：直线相关分析的特点有四：①两个变量的地位是对等关系，不反映任何自变量和因变量的关系；②只能算出一个相关系数；③相关系数有正负号，分别表示正相关和负相关；④相关的两个变量必须都是随机变量。

10. 因变量 y 的总变差、回归变差和剩余变差分别反映什么问题?

答：①因变量 y 的总变差反映的是各观察值与其平均数离差的平方和，即 $L_{yy} = \sum (y - \bar{y})^2$；②回归变差反映的是在 y 的总变差中，由 x 和 y 的直线回归关系而引起的 y 的变化部分，即 $U = \sum (\hat{y} - \bar{y})^2$；③剩余变差反映的是除了 x 对 y 的直线回归关系影响之外的其他一切因素对 y 的影响部分，即 $Q = \sum (y - \hat{y})^2$。

11. 什么是直线回归分析的估计标准误差? 它有何作用?

答：估计标准误差也称剩余标准差，它以回归直线为中心，反映各观察值与估计值之间的平均离差程度，也反映估计值 y 的代表性。

估计标准误差的作用：①反映各观察值与估计值之间的平均离差程度；②反映回归方程推算结果的准确程度；③反映自变量与因变量关系的密切程度。

12. 相关与回归在计算上有何联系?

答：相关与回归在计算上的联系包括两个方面：一方面是先求出回归方程和估计标准误差，利用估计标准误差计算相关系数；另一方面是反过来，先求出相关系数，再利用相关系数求回归方程。

13. 什么是曲线相关与曲线回归分析？

答：曲线相关是指相关的两个变量对应值的散布点在直角坐标图上呈某种曲线形状的关系式，也称非线性相关。根据曲线相关的变量拟合的回归方程称为曲线回归方程，也称非线性回归方程。

14. 什么是时间数列自身相关与自身回归分析？

答：时间数列自身相关是指一个变量自身随时间的不同，其值在前后期（前一期或前几期）之间表现出一定的依存关系。根据时间数列自身相关的变量拟合的回归方程称为自身回归方程。

15. 什么是复相关与复回归分析？

答：复相关是指多个变量之间的依存关系，即一个因变量与两个或两个以上自变量之间的依存关系，也称多元相关；复回归是指根据某一因变量与两个或两个以上自变量之间的相关关系建立的回归关系式，也称多元回归。

16. 应用相关与回归分析应注意哪些问题？

答：应用相关与回归分析应注意：①相关与否要以定性分析为前提。②回归分析要正确确定自变量和因变量。③要选用正确的数学表达式。④要注意回归分析应用的范围和条件。

五、习题与解答

1. 某工业企业某种产品产量与单位成本资料如下表所示：

年份	2009	2010	2011	2012	2013	2014	2015	2016
产品产量（万件）	2	3	4	3	4	5	6	7
单位成本（元/件）	73	72	71	73	69	68	66	65

要求：

（1）根据上述资料绘制相关图，判别该数列相关与回归的种类；

（2）配合适当的回归方程；

（3）根据回归方程，指出每当产品产量增加 1 万件时，单位成本的变动情况；

（4）计算相关系数，在显著性水平 $\alpha = 0.05$ 时，对回归方程进行显著性检验；

（5）计算估计标准误差；

（6）当产量为 8 万件时，在 95.45%的概率保证程度下，对单位成本作区间估计。

解：

（1）根据相关图（图略）判断，该数列为线性关系，可配合简单直线回归方程。

年份	产量 x	成本 y	x^2	y^2	xy
2009	2	73	4	5 329	146
2010	3	72	9	5 184	216
2011	4	71	16	5 041	284
2012	3	73	9	5 329	219
2013	4	69	16	4 761	276
2014	5	68	25	4 624	340
2015	6	66	36	4 356	396
2016	7	65	49	4 225	455
合计	34	557	164	38 849	2 332

（2）建立简单直线回归方程：$\hat{y}=a+bx$

$$b=\frac{n\sum xy-\sum x\sum y}{n\sum x^2-(\sum x)^2}=\frac{8\times 2\ 332-34\times 557}{8\times 164-34^2}=\frac{-282}{156}=-1.807\ 7$$

$$a=\frac{\sum y}{n}-b\frac{\sum x}{n}=\frac{557}{8}-(-1.807\ 7)\times\frac{34}{8}=77.307\ 7$$

$$\hat{y}=77.307\ 7-1.807\ 7x$$

（3）每当产量增加 1 万件时，单位成本就减少 1.807 7 元。

（4）相关系数：

$$R=\frac{n\sum xy-\sum x\sum y}{\sqrt{n\sum x^2-(\sum x)^2}\sqrt{n\sum y^2-(\sum y)^2}}$$

$$=\frac{8\times 2\ 332-34\times 557}{\sqrt{8\times 164-34^2}\sqrt{8\times 38\ 849-557^2}}$$

$$=\frac{-282}{291.05}=-0.968\ 9$$

当显著性水平 $\alpha=0.05$ 时，自由度 $=n-m=8-2=6$，查相关系数临界值表得：$R_{0.05}(6)=0.707$。因为 $R=0.968\ 9>0.707=R_{0.05}(6)$，故在 $\alpha=0.05$ 显著性水平上，检验通过，说明两变量之间相关关系显著。

（5）估计标准误差：

$$S_y=\sqrt{\frac{\sum y^2-a\sum y-b\sum xy}{n-2}}$$

$$=\sqrt{\frac{38\ 849-77.307\ 7\times 557-(-1.807\ 7)\times 2\ 332}{8-2}}$$

$$=\sqrt{\frac{4.167\ 5}{6}}=0.833\ 4$$

（6）当产量为 8 万件时，单位成本为：

$\hat{y} = 77.3077 - 1.8077 \times 8 = 62.8461$（元）

当概率为 95.45%时，该方程的置信区间为：

$\hat{y} \pm 2S_y = 62.8461 \pm 2 \times 0.8334$

即当产量为 8 万件时，在 95.45% 的概率保证程度下，单位成本的区间在 61.18 ~64.51 元。

2. 某地区 40 个企业的工业生产固定资产原值和平均每昼夜原材料加工量资料如下表所示：

序号	固定资产原值（万元）	平均每昼夜原材料加工量（万吨）	企业数（个）
1	300	0.5	2
2	400	0.5	6
3	400	0.7	3
4	500	0.5	2
5	500	0.7	5
6	500	0.9	7
7	600	0.7	2
8	600	0.9	2
9	600	1.1	3
10	700	0.9	1
11	700	1.1	7

要求：

（1）试根据上述资料，配合简单直线回归方程；

（2）计算相关系数，在显著性水平 $\alpha = 0.05$ 时，对回归方程进行显著性检验。

解：

序号	x（万元）	y（万吨）	f（个）	xf	yf	x^2f	y^2f	xyf
1	300	0.5	2	600	1.0	180 000	0.50	300
2	400	0.5	6	2 400	3.0	960 000	1.50	1 200
3	400	0.7	3	1 200	2.1	480 000	1.47	840

（续上表）

序号	x（万元）	y（万吨）	f（个）	xf	yf	x^2f	y^2f	xyf
4	500	0.5	2	1 000	1.0	500 000	0.50	500
5	500	0.7	5	2 500	3.5	1 250 000	2.45	1 750
6	500	0.9	7	3 500	6.3	1 750 000	5.67	3 150
7	600	0.7	2	1 200	1.4	720 000	0.98	840
8	600	0.9	2	1 200	1.8	720 000	1.62	1 080
9	600	1.1	3	1 800	3.3	1 080 000	3.63	1 980
10	700	0.9	1	700	0.9	490 000	0.81	630
11	700	1.1	7	4 900	7.7	3 430 000	8.47	5 390
合计			40	21 000	32.0	11 560 000	27.60	17 660

由上表计算数据如下：

$$\bar{x}=\frac{\sum xf}{\sum f}=\frac{21\ 000}{40}=525$$

$$\bar{y}=\frac{\sum yf}{\sum f}=\frac{32}{40}=0.8$$

$$\overline{x^2}=\frac{\sum x^2f}{\sum f}=\frac{11\ 560\ 000}{40}=289\ 000$$

$$\overline{y^2}=\frac{\sum y^2f}{\sum f}=\frac{27.60}{40}=0.69$$

$$\overline{xy}=\frac{\sum xyf}{\sum f}=\frac{17\ 660}{40}=441.5$$

$$L_{xy}=\sum xy-\frac{\sum x\sum y}{n}=n(\overline{xy}-\bar{x}\cdot\bar{y})$$

$$=40\times[441.5-525\times0.8]=40\times21.5$$

$$L_{xx}=\sum x^2-\frac{(\sum x)^2}{n}=n[\overline{x^2}-(\bar{x})^2]$$

$$=40\times[289\ 000-(525)^2]=40\times13\ 375$$

$$L_{yy}=\sum y^2-\frac{(\sum y)^2}{n}=n[\overline{y^2}-(\bar{y})^2]$$

$$=40\times[0.69-(0.8)^2]=40\times0.05$$

（1）所建立的简单直线回归方程为：

$$\hat{y}=a+bx$$

$$b=\frac{L_{xy}}{L_{xx}}=\frac{40\times21.5}{40\times13\ 375}=0.001\ 61$$

$a=\bar{y}-b\bar{x}=0.8-0.00161\times525=-0.04525$

$\therefore \hat{y}=-0.04525+0.00161x$

（2）相关系数：

$$R=\frac{L_{xy}}{\sqrt{L_{xx}\cdot L_{yy}}}=\frac{40\times21.5}{\sqrt{40\times13375\times40\times0.05}}=\frac{21.5}{25.86}=0.83$$

当显著性水平 $\alpha=0.05$ 时，自由度 $=n-m=40-2=38$，查相关系数临界值表得：$R_{0.05}$（38）$=0.304$。因为 $R=0.83>0.304=R_{0.05}$（38），故在 $\alpha=0.05$ 的显著性水平上，检验通过，说明两变量之间相关关系显著。

3. 兹有如下数据：$n=7$，$\sum_{i=1}^{n}x_i=1890$，$\sum_{i=1}^{n}y_i=31.3$，$\sum_{i=1}^{n}x_i^2=535500$，$\sum_{i=1}^{n}y_i^2=174.15$，$\sum_{i=1}^{n}x_iy_i=9318$。

要求：

（1）根据上述数据，试确定 y 与 x 的简单直线回归方程；

（2）计算相关系数，在显著性水平 $\alpha=0.01$ 时，对回归方程进行显著性检验；

（3）计算估计标准误差；

（4）在 95.45% 的概率保证程度下，试确定该方程的置信区间。

解：

（1）所求简单直线回归方程为：

$\hat{y}=a+bx$

$$b=\frac{n\sum xy-\sum x\sum y}{n\sum x^2-(\sum x)^2}=\frac{7\times9318-1890\times31.3}{7\times535500-(1890)^2}=0.0344$$

$$a=\frac{\sum y}{n}-b\frac{\sum x}{n}=\frac{31.3}{7}-0.0344\times\frac{1890}{7}=-4.8166$$

$\therefore \hat{y}=-4.8166+0.0344x$

（2）相关系数：

$$R=\frac{n\sum xy-\sum x\sum y}{\sqrt{n\sum x^2-(\sum x)^2}\sqrt{n\sum y^2-(\sum y)^2}}$$

$$=\frac{7\times9318-1890\times31.3}{\sqrt{7\times535500-1890^2}\sqrt{7\times174.15-31.3^2}}$$

$$=0.9340$$

当显著性水平 $\alpha=0.01$ 时，自由度 $=n-m=7-2=5$，查相关系数临界值表得：$R_{0.01}(5)=0.874$。因为 $R=0.9340>0.874=R_{0.01}(5)$，故在 $\alpha=0.01$ 显著性水平上，检验通过，说明两变量之间相关关系显著。

（3）估计标准误差：

$$S_y=\sqrt{\frac{\sum y^2-a\sum y-b\sum xy}{n-2}}$$

$$=\sqrt{\frac{174.15-(-4.8166)\times 31.3-0.0344\times 9318}{7-2}}$$

$$=\sqrt{\frac{4.3704}{5}}=0.9349$$

(4)当概率保证程度为95.45%时,该方程的置信区间为:

$\hat{y}\pm 2S_y=(-4.8166+0.0344x)\pm 2\times 0.9349$

即该方程的置信区间在 $-6.6864+0.0344x\sim -2.9468+0.0344x$ 之间。

4. 某企业按某产品的产量(吨)与生产费用(万元)之间的相关关系求得一简单直线回归方程,据方程式有:(1)产量每增加1吨,生产费用将增加2万元;(2)当产量为6吨时,生产费用为16万元。试确定该简单直线回归方程。

又知该产品产量数列的方差为9,生产费用数列的方差为49,试求该产品产量与生产费用之间的相关系数。

解:

(1) $\hat{y}=a+bx$,根据题意有:

$$\begin{cases}\hat{y}=a+2x\\16=a+6b\end{cases}\quad 解得:\begin{cases}b=2\\a=4\end{cases}$$

即 $\hat{y}=4+2x$

(2) $R=\dfrac{\sigma_x}{\sigma_y}\times\dfrac{\hat{y}-\bar{y}}{x-\bar{x}}=\dfrac{3}{7}\times 2=0.8571$

5. 某企业某产品2007—2016年利润率与单位成本统计数据如下表所示:

年份	利润率(%)	单位成本(元/件)	年份	利润率(%)	单位成本(元/件)
2007	9	100	2012	16	79
2008	10	95	2013	17	75
2009	11	88	2014	20	70
2010	13	84	2015	22	68
2011	15	80	2016	25	66

要求:

(1) 根据上述数据绘制相关图,判别该数列相关与回归的种类;

(2) 配合适当的回归方程;

(3) 在显著性水平 $\alpha=0.01$ 时,对回归方程进行显著性检验;

(4) 若该企业2017年产品单位成本降至60元/件,产量为8万件时,预期可获多少利润?

解：

年份	利润率 y（%）	单位成本 x（元/件）	$x'=\frac{1}{x}$	$x'y$	x'^2	y^2
2007	9	100	0.010 0	0.090 0	0.000 10	81
2008	10	95	0.010 5	0.105 0	0.000 11	100
2009	11	88	0.011 4	0.125 4	0.000 13	121
2010	13	84	0.011 9	0.154 7	0.000 14	169
2011	15	80	0.012 5	0.187 5	0.000 16	225
2012	16	79	0.012 7	0.203 2	0.000 16	256
2013	17	75	0.013 3	0.226 1	0.000 18	289
2014	20	70	0.014 3	0.286 0	0.000 20	400
2015	22	68	0.014 7	0.323 4	0.000 22	484
2016	25	66	0.015 2	0.380 0	0.000 23	625
合计	158		0.126 4	2.081 3	0.001 63	2 750

（1）根据相关图判断（图略），该数列属曲线相关，应拟合曲线回归方程。

（2）$\hat{y}=a+b\frac{1}{x}\Rightarrow\hat{y}=a+bx'$

令 $x'=\frac{1}{x}$

$$b=\frac{n\sum x'y-\sum x'\sum y}{n\sum x'^2-(\sum x')^2}$$

$$=\frac{10\times2.081\ 3-0.126\ 4\times158}{10\times0.001\ 63-(0.126\ 4)^2}=2\ 598.15$$

$$a=\frac{\sum y}{n}-b\frac{\sum x'}{n}=\frac{158}{10}-2\ 598.15\times\frac{0.126\ 4}{10}=-17.04$$

$$\hat{y}=-17.04+2\ 598.15\frac{1}{x}$$

（3）计算相关指数，进行显著性检验：

$$R=\frac{n\sum x'y-\sum x'\sum y}{\sqrt{n\sum x'^2-(\sum x')^2}\sqrt{n\sum y^2-(\sum y)^2}}$$

$$=\frac{10\times2.081\ 3-0.126\ 4\times158}{\sqrt{10\times0.001\ 63-(0.126\ 4)^2}\sqrt{10\times2\ 750-(158)^2}}$$

$$=0.928\ 7$$

$\because R>R_{0.01}(8)=0.765$，$\therefore$ 检验通过。

（4）当 $x=60$ 元时，$\hat{y}=-17.04+2\,598.15\times\frac{1}{60}=26.26\%$

总成本 = 8 万件 × 60 元/件 = 480（万元）

$\because$ $\frac{总利润}{总产值}=\frac{总产值-总成本}{总产值}=26.26\%$

$\therefore$ 总产值 = 480 ÷（1 − 26.26%）= 650.94（万元）

总利润 = 总产值 − 总成本

= 650.94 − 480 = 170.94（万元）

6. 某省 1967—2016 年年末人口数如下表所示：

单位：万人

年份	人口数	年份	人口数	年份	人口数	年份	人口数	年份	人口数
1967	2 872	1977	3 491	1987	4 493	1997	5 324	2007	6 349
1968	2 910	1978	3 571	1988	4 589	1998	5 415	2008	6 463
1969	2 983	1979	3 670	1989	4 696	1999	5 494	2009	6 582
1970	3 088	1980	3 755	1990	4 781	2000	5 577	2010	6 691
1971	3 151	1981	3 866	1991	4 858	2001	5 656	2011	6 789
1972	3 214	1982	3 969	1992	4 922	2002	5 741	2012	6 897
1973	3 302	1983	4 071	1993	4 986	2003	5 832	2013	7 014
1974	3 372	1984	4 190	1994	5 064	2004	5 928	2014	7 116
1975	3 433	1985	4 291	1995	5 141	2005	6 025	2015	7 299
1976	3 471	1986	4 382	1996	5 228	2006	6 246	2016	7 499

根据上述资料，对该省人口数进行自身相关和自身回归分析，并对 2019 年和 2020 年人口数作出预测（提示：人口出生数一般与前 25 年的人口出生数有关）。

解：

年份	人口数 y_t	人口数 y_{t-25}	$y_{t-25}y_t$	y_{t-25}^2	y_t^2
1992	4 922	2 872	14 135 984	8 248 384	24 226 084
1993	4 986	2 910	14 509 260	8 468 100	24 860 196
1994	5 064	2 983	15 105 912	8 898 289	25 644 096
⋮	⋮	⋮	⋮	⋮	⋮
2013	7 014	4 589	32 187 246	21 058 921	49 196 196
2014	7 116	4 696	33 416 736	22 052 416	50 637 456
2015	7 299	4 781	34 896 519	22 857 961	53 275 401

（续上表）

年份	人口数 y_t	人口数 y_{t-25}	$y_{t-25}y_t$	y_{t-25}^2	y_t^2
2016	7 499	4 858	36 430 142	23 600 164	56 235 001
合计	151 278	94 469	583 257 794	366 223 253	930 037 932

（1）该省人口自身相关系数：

$$R=\frac{n\sum y_{t-25}y_t-\sum y_{t-25}\sum y_t}{\sqrt{n\sum y_{t-25}^2-(\sum y_{t-25})^2}\sqrt{n\sum y_t^2-(\sum y_t)^2}}$$

$$=\frac{25\times 583\ 257\ 794-94\ 469\times 151\ 278}{\sqrt{25\times 366\ 223\ 253-94\ 469^2}\sqrt{25\times 930\ 037\ 932-151\ 278^2}}$$

$$=0.99$$

（2）该省人口自身回归方程：

$$\hat{y}_t=a+by_{t-25}$$

$$b=\frac{n\sum y_{t-25}y_t-\sum y_{t-25}\sum y_t}{n\sum y_{t-25}^2-(\sum y_{t-25})^2}$$

$$=\frac{25\times 583\ 257\ 794-94\ 469\times 151\ 278}{25\times 366\ 223\ 253-94\ 469^2}=1.256$$

$$a=\frac{\sum y_t}{n}-b\frac{\sum y_{t-25}}{n}=\frac{151\ 278}{25}-1.256\times\frac{94\ 469}{25}$$

$$=1\ 305$$

即 $\hat{y}=1\ 305+1.256y_{t-25}$

∵ $y_{2019-25}=y_{1994}=5\ 064$

∴ 预测 2019 年人口数：

$\hat{y}_{2019}=1\ 305+1.256\times 5\ 064=7\ 665.38$（万人）

同理，预测 2020 年人口数：

$\hat{y}_{2020}=1\ 305+1.256\times 5\ 141=7\ 762.10$（万人）

7. 某市 2005—2016 年主要百货商店营业额、在业人员总收入和当年竣工住宅面积的统计数据如下表所示：

年份	营业额（千万元）	在业人员总收入（千万元）	当年竣工住宅面积（万米²）	年份	营业额（千万元）	在业人员总收入（千万元）	当年竣工住宅面积（万米²）
2005	8.2	76	9.0	2011	12.2	116	6.2
2006	8.3	78	7.8	2012	13.7	129	10.8
2007	8.6	80	5.5	2013	15.5	148	18.4
2008	9.0	83	5.0	2014	18.3	183	15.7

（续上表）

年份	营业额（千万元）	在业人员总收入（千万元）	当年竣工住宅面积（万米^2）	年份	营业额（千万元）	在业人员总收入（千万元）	当年竣工住宅面积（万米^2）
2009	9.4	85	10.8	2015	23.3	210	32.5
2010	9.4	88	3.5	2016	27.3	249	45.5

试对该市统计数据进行复相关与复回归分析；若该市在业人员总收入和当年竣工住宅面积在 2016 年的基础上分别增长 15% 和 17%，在 95.45% 的概率保证程度下，对该市 2017 年主要百货商店营业额作区间估计。

解：

（1）设营业额为 y，在业人员总收入为 x_1，当年竣工住宅面积为 x_2，并假设 y 与 x_1、x_2 之间存在线性关系；建立二元线性回归方程 $\hat{y}=b_0+b_1x_1+b_2x_2$。由上述数据计算出：$\sum y=163.2$，$\sum x_1=1\ 525$，$\sum x_2=170.7$，$\sum x_1x_2=29\ 236.6$，$x_1{}^2=231\ 709$，$x_2{}^2=4\ 192.61$，$\sum x_1y=24\ 847.9$，$\sum x_2y=3\ 160.77$，$\sum y^2=2\ 667.66$。

（2）估计参数，将上述数据代入其标准方程，得：

$$\begin{cases}163.2=12b_0+1\ 525b_1+170.7b_2\\24\ 847.9=1\ 525b_0+231\ 709b_1+29\ 236.6b_2\\3\ 160.77=170.7b_0+29\ 236.6b_1+4\ 192.61b_2\end{cases}$$

用消元法解上述联立方程，得三个参数分别为 $b_0=0.743\ 565\ 0$，$b_1=0.091\ 905\ 4$，$b_2=0.082\ 727\ 3$，将参数代入二元线性回归方程，得：$\hat{y}=0.743\ 565\ 0+0.091\ 905\ 4x_1+0.082\ 727\ 3x_2$。

（3）复相关系数：

$$R=\sqrt{1-\frac{\sum y^2-b_0\sum y-b_1\sum x_1y-b_2\sum x_2y}{\sum y^2-n\bar{y}^2}}$$

$$=\sqrt{1-\frac{2\ 667.66-0.743\ 565\ 0\times163.2-0.091\ 905\ 4\times24\ 847.9-0.082\ 727\ 3\times3\ 160.77}{2\ 667.66-12\times13.6^2}}$$

$$=\sqrt{1-\frac{1.172\ 0}{448.14}}=0.998\ 7$$

（4）显著性检验：

取显著性水平 $\alpha=0.05$，自由度 $=n-m=12-3=9$，查相关系数临界值表得 $R_{0.05}$（9）$=0.697$。因为 $R>R_{0.05}$（9），故在 $\alpha=0.05$ 显著性水平上，检验通过，说明在业人员总收入、当年竣工住宅面积与营业额之间相关关系非常显著。

（5）估计标准误差：

$$S_y=\sqrt{\frac{\sum y^2-b_0\sum y-b_1\sum x_1y-b_2\sum x_2y}{n-3}}$$

$=\sqrt{\frac{1.1720}{9}}=0.3609$

（6）2017 年：$x_1=249\times(1+15\%)=286.35$（千万元）

$x_2=45.5\times(1+17\%)=53.235$（万米^2）

将 x_1、x_2 代入原方程，得 2017 年营业额为：

$\hat{y}=0.7435650+0.0919054\times286.35+0.0827273\times53.235$

$=31.46$（千万元）

在 95.45% 的概率保证程度下，该市营业额区间范围为：$\hat{y}\pm2S_y=31.46\pm2\times0.3609$，即在 30.74 千万元至 32.18 千万元之间。

六、综合自测题

（一）判断题

1. 正相关是指两个变量之间的变化方向都是上升的趋势，而负相关是指两个变量之间的变化方向都是下降的趋势。（　　）

2. 负相关是指两个变量之间的变化方向相反，即一个呈下降（上升）趋势而另一个呈上升（下降）趋势。（　　）

3. 函数关系是一种完全的相关关系。（　　）

4. 已知两个变量直线回归方程为：$\hat{y}=-45.25+1.61x$，则可断定这两个变量之间一定存在正相关关系。（　　）

5. 回归分析和相关分析一样，所分析的两个变量都一定是随机变量。（　　）

6. 在其他条件不变的情况下，相关系数越大，估计标准误差就越大；反之，估计标准误差就越小。可见估计标准误差的大小与相关系数的大小是一致的。（　　）

7. 相关系数的数值越大，说明相关程度越高；同理，相关系数的数值越小，说明相关程度越低。（　　）

8. 不具有因果关系的两个变量之间，一定不存在相关关系。（　　）

（二）单项选择题

1. 确定现象之间是否存在相关关系，首先要对现象进行（　　）。

①定性分析　　②定量分析

③数值分析　　④定性与定量分析

2. 相关关系与函数关系之间的联系体现在（　　）。

①相关关系普遍存在，函数关系是相关关系的特例

②函数关系普遍存在，相关关系是函数关系的特例

③相关关系与函数关系是两种完全独立的现象

④相关关系与函数关系没有区别

3. 相关系数的取值范围是(　　)。

①$-1<r<1$　　②$0\leqslant r\leqslant 1$

③$-1\leqslant r\leqslant 1$　　④$|r|>1$

4. 当相关系数$r=0$时，说明(　　)。

①现象之间完全无关　　②现象之间相关程度较小

③现象之间完全相关　　④现象之间无直线相关

5. 下列现象中，相关密切程度高的是(　　)。

①商品销售量与商品销售额之间的相关系数为0.90

②商品销售额与商业利润率之间的相关系数为0.60

③商品销售额与流通费用率之间的相关系数为-0.85

④商业利润率与流通费用率之间的相关系数为-0.95

6. 回归方程$\hat{y}=a+bx$中的回归系数b说明自变量变动一个单位时，因变量(　　)。

①变动b个单位　　②平均变动b个单位

③变动$a+b$个单位　　④变动$1/b$个单位

7. 回归估计的估计标准误差的计量单位与(　　)。

①自变量相同　　②因变量相同

③自变量及因变量相同　　④相关系数相同

8. 计算估计标准误差的依据是(　　)。

①因变量的数列　　②因变量的总变差

③因变量的回归变差　　④因变量的剩余变差

(三) 多项选择题

1. 相关关系与函数关系各有其特点，主要体现在(　　)。

①函数关系是一种不严格的相互依存关系

②函数关系可以用一个数学表达式精确表达

③函数关系中各现象均为确定型现象

④相关关系是现象之间具有随机因素影响的依存关系

⑤相关关系中现象之间仍然可以通过大量观察法来寻求其变化规律

2. 下列现象属于相关关系的是(　　)。

①家庭收入与支出的关系

②圆的半径与圆的面积的关系

③产品产量与单位成本的关系

④施肥量与粮食单位面积产量的关系

⑤机械化程度与农业人口的关系

3. 下述关系中属于正相关的是(　　)。

①工业产品产量与单位成本之间的关系

②商业企业的劳动效率与流通费用之间的关系

③单位产品成本与原材料消耗之间的关系

④工业企业的劳动效率与生产单位产品的消耗时间之间的关系

⑤在合理限度内，农业生产中施肥量与平均单位面积产量之间的关系

4. 变量之间的不完全相关可以表现为(　　)。

①零相关　　②正相关　　③负相关

④曲线相关　　⑤相关系数为1

5. 商品销售额与流通费用率，在一定条件下存在相关关系。这种相关关系属于(　　)。

①单相关　　②复相关　　③直线相关

④曲线相关　　⑤负相关

6. 直线相关分析的特点表现为(　　)。

①两个变量之间的地位是对等关系

②只能算出一个相关系数

③相关系数有正负号

④相关的两个变量必须都是随机变量

⑤不反映任何自变量和因变量的关系

7. 直线回归分析的特点表现为(　　)。

①两个变量之间的地位不是对等关系

②自变量是给定的非随机变量，因变量是随机变量

③利用一个回归方程，两个变量之间可以互相推算

④直线回归方程中的回归系数有正负号

⑤可以求出两个回归方程

8. 估计标准误差是反映(　　)。

①回归方程代表性的指标

②自变量离散程度的指标

③因变量数列离散程度的指标

④因变量估计值可靠程度的指标

⑤自变量可靠程度的指标

(四) 填空题

1. ____________________是指现象之间存在着非严格的、不确定的依存关系。

2. 相关关系按相关形式的不同，分为____________和____________。

3. 相关关系按相关方向的不同，分为____________和____________。

4. 相关关系按相关程度的高低，分为____________和____________。

5. 可决系数是____________之比，它是评价两个变量之间线性相关关系强弱的一个重要指标。

6. 估计标准误差越小，则根据直线回归方程计算的估计值就越________。

7. 相关系数等于0，说明两变量之间__________；相关系数等于1，说明两变量之间__________；相关系数等于-1，说明两变量之间__________。

8. 最小平方法的中心思想，是通过数学方程，配合一条较为理想的趋势线，这条趋势线必须满足两个条件：一是______________________________________；二是______________________________________。

（五）简答题

1. 相关关系与函数关系有何区别与联系？

2. 什么是回归分析与相关分析？两者有何区别与联系？

3. 在直线回归方程 $\hat{y}=a+bx$ 中，参数 a 和 b 的几何意义和经济意义是什么？

4. 如何通过相关系数来判别现象之间的相关程度？

（六）计算题

1. 某国有农场在试验田上研究耕种深度与水稻产量的关系，所得资料如下表所示：

耕种深度（厘米）	8	10	12	14	16	18
公顷产量（吨）	6.0	7.5	7.8	9.2	10.8	12.0

要求：（1）试求水稻产量与耕种深度的直线回归方程；（2）计算相关系数，在显著性水平 $\alpha=0.05$ 时，对回归方程进行显著性检验；（3）计算估计标准误差；（4）若耕种深度为17厘米，在95.45%的概率保证程度下，试推算水稻产量的区间范围。

2. 某市10家百货公司人均销售额和利润率资料如下表所示：

百货公司序号	人均销售额（万元）	利润率（%）
1	6	12.6
2	5	10.4
3	8	18.5
4	1	3.0
5	4	8.1
6	7	16.3
7	6	12.3
8	3	6.2
9	3	6.6
10	7	16.8

要求：

（1）判别该数列相关与回归的种类，配合适当的回归方程；

（2）计算相关系数，在显著性水平 $\alpha = 0.05$ 时，对回归方程进行显著性检验；

（3）计算估计标准误差；

（4）当某百货公司人均销售额为 10 万元时，在 95.45% 的概率保证程度下，对其利润率作区间估计。

第十章　时间数列分析指标

一、学习目的与要求

通过对本章的学习，了解时间数列的概念、作用、种类和编制的原则，学会计算时间数列的水平、速度的分析指标以及它们在经济分析中的应用。

二、学习重点与难点

本章的学习重点是序时平均数和平均发展速度的计算；难点是平均发展速度的计算及应用。

三、内容提示

（一）时间数列的概念、作用和种类

（二）时间数列分析指标

1. 时间数列的水平分析指标

（1）发展水平指标 a_i（$i=0, 1, 2, \cdots, n$）

（2）平均发展水平指标：

绝对数时间数列的序时平均数

时期数列

$$\bar{a}=\frac{\sum_{i=1}^{n}a_i}{n}$$

时点数列

$$\bar{a}=\frac{\sum_{i=1}^{n}a_i}{n}\quad\text{（间隔相等的连续时点数列）}$$

$$\bar{a}=\frac{\sum_{i=1}^{n}a_if_i}{\sum_{i=1}^{n}f_i}\quad\text{（间隔不等的连续时点数列）}$$

$$\bar{a}=\frac{\frac{a_1}{2}+a_2+a_3+\cdots+\frac{a_n}{2}}{n-1}\quad\text{（间隔相等的间断时点数列）}$$

$$\bar{a}=\frac{\frac{a_1+a_2}{2}f_1+\frac{a_2+a_3}{2}f_2+\cdots+\frac{a_{n-1}+a_n}{2}f_{n-1}}{\sum_{i=1}^{n-1}f_i}$$

（间隔不等的间断时点数列）

相对数时间数列和平均数时间数列的序时平均数 $\bar{c}=\dfrac{\bar{a}}{\bar{b}}$

(3) 增长量 $\begin{cases}\text{累计增长量：} a_n-a_0 \\ \text{逐期增长量：} a_n-a_{n-1}\end{cases}$

(4) 平均增长量：

$$\text{平均增长量}=\frac{(a_1-a_0)+(a_2-a_1)+\cdots+(a_n-a_{n-1})}{n}$$

$$=\frac{a_n-a_0}{n}$$

2. 时间数列的速度分析指标

(1) 发展速度 $\begin{cases}\text{定基发展速度：} \dfrac{a_n}{a_0} \\ \text{环比发展速度：} \dfrac{a_n}{a_{n-1}}\end{cases}$

(2) 增长速度 $\begin{cases}\text{定基增长速度：} \dfrac{a_n-a_0}{a_0} \\ \text{环比增长速度：} \dfrac{a_n-a_{n-1}}{a_{n-1}}\end{cases}$

(3) 平均发展速度（水平法）$\begin{cases}\bar{x}=\sqrt[n]{x_1x_2\cdots x_n} \\ \bar{x}=\sqrt[n]{\dfrac{a_n}{a_0}} \\ a_n=a_0\bar{x}^n \\ n=\dfrac{\lg\dfrac{a_n}{a_0}}{\lg\bar{x}}\end{cases}$

(4) 平均增长速度：

平均增长速度 = 平均发展速度 - 1

四、思考题与解答要点

1. 简述时间数列的概念、作用及种类。

答：时间数列是指将表明社会现象在不同时间发展变化的某种指标数值，按时间先后顺序排列形成的数列。

时间数列的作用：在编制时间数列的基础上，可以通过计算分析指标来进行比较分析；还可以建立经济计量模型，进行现象变动的趋势分析和预测。因此，时间数列是对社会经济现象进行动态分析和预测的重要依据。

时间数列的种类：时间数列按其所排列的指标性质不同，可分为绝对数时间数列、相对数时间数列和平均数时间数列。

2. 什么是时期数列和时点数列？两者有什么特点和区别？

答：时期数列是指由反映某种社会经济现象在一段时期内发展过程累计量的总量指标所构成的绝对数时间数列。

时点数列是指由反映某种现象在一定时点上的发展状况的总量指标所构成的绝对数时间数列。

时期数列和时点数列的特点与区别在于：①时期数列中各项指标值反映现象在一段时期内发展过程的总量；各项指标值随着现象的发展进程进行连续登记，因而各项指标值可以相加，相加后的指标值反映现象在更长时期内发展过程的总量；每项指标值的大小与其所包括的时期长短有直接关系，时期长则指标值大，时期短则指标值小，因此，其时期间隔一般应该相等。②时点数列中各项指标值反映现象在一定时点上的发展状况；各项指标值一般按时点所表示的瞬间进行不连续登记，相加无实际经济意义，因而不能直接相加；各项指标值的大小与其时点间隔的长短没有直接关系，因而其时点间隔不要求必须相等。

3. 编制时间数列应遵循哪些原则？

答：编制时间数列应遵循的原则是，时间长短应该可比；总体范围大小应该一致；指标的经济内容应该相同；指标的计算方法和计量单位应该一致。

4. 什么是发展水平、增长量、平均增长量、发展速度、增长速度和增长 1% 的绝对值？定基发展速度和环比发展速度，发展速度和增长速度的关系如何？

答：发展水平是指时间数列中的每一项具体指标值。

增长量是指时间数列中计算期水平与基期水平之差。

平均增长量是指逐期增长量的简单算术平均数，说明经济现象在一段较长时间内，平均每期增减变化的数量。

发展速度是计算期发展水平与基期发展水平之比，表示计算期水平已达到或相当于基期水平之多少，反映某种社会经济现象在一定时期内发展的方向和速度。

增长速度是计算期增长量与基期发展水平之比，说明社会经济现象在一定时期内增减的快慢程度。

增长 1% 的绝对值是指在环比增长速度中，计算期发展水平比前期发展水平每增长 1% 所增长的绝对数。

发展速度由于采用的基期不同，分为定基发展速度和环比发展速度。两者的关系是定基发展速度等于相应的各个环比发展速度的连乘积；两个相邻时期定基发展速度之比等于相应的环比发展速度。

发展速度与增长速度的关系是：增长速度 = 发展速度 - 1；定基增长速度 = 定基发展速度 - 1；环比增长速度 = 环比发展速度 - 1。

5. 一般平均数和序时平均数有什么不同点？

答：一般平均数和序时平均数的区别在于：一般平均数是将总体各单位在同一时间的数量差异抽象化，是根据变量数列计算的静态平均数；序时平均数是将同一总体在不同时间的数量差异抽象化，是根据时间数列计算的动态平均数。

6. 怎样计算时间数列的平均发展水平指标？

答：对于绝对数时间数列（包括时期数列和时点数列），有两种不同的计算方法。

（1）时期数列的序时平均数。同一时期数列中各项指标值所属时期的长短相等，可直接将各项指标值相加除以项数，用简单算术平均法计算序时平均数。

（2）时点数列的序时平均数。根据掌握资料的不同有不同的计算方法：①间隔相等的连续时点数列的序时平均数。计算方法与时期数列的序时平均数相同。②间隔不等的连续时点数列的序时平均数。可用每一资料所存在的日数作为权数，对各时点指标值加权，用加权算术平均法计算序时平均数。③间隔相等的间断时点数列的序时平均数。先依次将相邻两个时点指标值相加除以2，得到两个时点指标值的序时平均数，然后再将这些序时平均数进行简单算术平均，就可以计算出整个时点数列的序时平均数。④间隔不等的间断时点数列的序时平均数。用不同的时点间隔长度作为权数，对不同时点指标值加权，即用加权算术平均法计算序时平均数。

（3）相对数、平均数时间数列的序时平均数。由于各相对指标、平均指标的母项不同，不能直接将不同时间的相对指标或平均指标相加计算序时平均数，因此，应该首先分别求出子项、母项时间数列的序时平均数，然后加以对比计算相对数或平均数时间数列的序时平均数。

7. 怎样计算时间数列的平均发展速度指标？

答：有两种方法计算时间数列的平均发展速度指标，即水平法和累计法。

水平法是指从最初水平出发，按照此法计算的平均发展速度所推算出来的最末水平，应等于实际最末水平。由于各个时期环比发展速度的连乘积等于总发展速度，因此，平均发展速度可以用各个时期环比发展速度连乘积开项数次方来计算。这种形式的平均数称几何平均数，因此水平法也称几何平均法。

累计法是指从最初水平出发，按照此法计算的平均发展速度所推算出来的各期发展水平的总和，应等于各期实际发展水平的累计数。这种方法，是利用解一元高次方程式求平均速度的方法，因此也称方程式法。

由于两种计算方法的侧重点不同，所以应根据研究对象的不同特点选用。对于侧重于考察最末一年所达到水平的计划指标，宜选用水平法计算平均发展速度；对于侧重于考察整个发展阶段内应达到的累计总量的计划指标，则宜选用累计法计算平均发展速度。

五、习题与解答

1. 根据下表中的已知资料，运用时间数列分析指标的相互关系，推算表中空缺的数字。

年份	钢产量（万吨）	累计增长量（万吨）	定基发展速度（%）	定基增长速度（%）
第1年	8.20			
第2年		1.50		
第3年			131.80	
第4年				30.80
第5年				41.20
第6年			150.50	

解：

年份	钢产量（万吨）	累计增长量（万吨）	定基发展速度（%）	定基增长速度（%）
第1年	(8.20)		100.00	
第2年	9.70	(1.50)	118.29	18.29
第3年	10.81	2.61	(131.80)	31.80
第4年	10.73	2.53	130.80	(30.80)
第5年	11.58	3.38	141.20	(41.20)
第6年	12.34	4.14	(150.50)	50.50

2. 运用时间数列指标的相互关系，根据已知资料，推算表中空缺的数字。

年份	销售额（万元）	逐期增长量（万元）	环比发展速度（%）	环比增长速度（%）	增长1%的绝对值（万元）
第1年	100.8				
第2年		10.20			
第3年			110.50		
第4年				11.30	
第5年					
第6年		14.20			1.46

解：

年份	销售额（万元）	逐期增长量（万元）	环比发展速度（%）	环比增长速度（%）	增长1%的绝对值（万元）
第1年	（100.8）				
第2年	111.00	（10.20）	110.12	10.12	1.01
第3年	122.66	11.66	（110.50）	10.50	1.11
第4年	136.52	13.86	111.30	（11.30）	1.23
第5年	146.00	9.48	106.94	6.94	1.37
第6年	160.2	（14.20）	109.73	9.73	（1.46）

3. 已知某企业2016年各月总产值、职工人数资料如下表所示：

月份	1	2	3	4	5	6	7	8	9	10	11	12
1. 总产值（万元）	168	204	80	184	182	188	200	202	200	198	201	205
2. 月初职工人数（人）	200	196	200	206	210	210	220	222	212	216	218	229
其中：生产工人人数（人）	136	120	136	144	150	150	156	158	154	152	153	158

注：2017年1月初职工人数为230人，其中生产工人为160人。

试根据上述资料：

（1）计算2016年各季的月平均总产值和全年的月平均总产值。

（2）计算2016年全年平均职工人数。

（3）计算2016年月平均全员劳动生产率、全年平均全员劳动生产率和全年职工构成指标。

（4）根据有关时间数列分析指标，分别对企业上半年、下半年的变化作出分析评价。

解：

（1）总产值是时期数，故根据时期数列求序时平均数的公式：$\bar{a}=\frac{\sum_{i=1}^{n}a_i}{n}$，得2016年各季和全年月平均总产值如下表所示：

时间	第一季度	第二季度	第三季度	第四季度	全年
平均每月总产值（万元）	150.67	184.67	200.67	201.33	184.33

（2）上表中的职工人数是间隔相等的时点数列，故2016年全年平均职工人数为：$\bar{b}=\dfrac{\dfrac{b_1}{2}+b_2+\cdots+\dfrac{b_n}{2}}{n-1}$，即

$$\bar{b}=\frac{\frac{200}{2}+196+200+206+210+210+220+222+212+216+218+229+\frac{230}{2}}{13-1}=212.83\text{（人）}$$

（3）2016年月平均全员劳动生产率$=\dfrac{\bar{a}}{\bar{b}}=\dfrac{184.33}{212.83}=8\ 660.90$（元/人）

2016年全年平均全员劳动生产率$=\dfrac{\sum_{i=1}^{n}a_i}{\bar{b}}=\dfrac{2\ 212}{212.83}=103\ 932.72$（元/人）

2016年全年职工构成指标$=\dfrac{\bar{c}}{\bar{b}}=\dfrac{\left(\dfrac{c_1}{2}+c_2+\cdots+\dfrac{c_n}{2}\right)/(n-1)}{\left(\dfrac{b_1}{2}+b_2+\cdots+\dfrac{b_n}{2}\right)/(n-1)}$，即

$$\frac{\bar{c}}{\bar{b}}=\frac{\frac{136}{2}+120+136+144+150+150+156+158+154+152+153+158+\frac{160}{2}}{\frac{200}{2}+196+200+206+210+210+220+222+212+216+218+229+\frac{230}{2}}=69.66\%$$

（4）2016年上半年月平均全员劳动生产率$=\dfrac{\bar{a}}{\bar{b}}$

$$=\frac{(168+204+80+184+182+188)/6}{\left(\frac{200}{2}+196+200+206+210+210+\frac{220}{2}\right)/(7-1)}$$

$$=\frac{167.67}{205.33}=8\ 165.88\text{(元/人)}$$

2016年下半年月平均全员劳动生产率$=\dfrac{\bar{a}}{\bar{b}}$

$$=\frac{(200+202+200+198+201+205)/6}{\left(\frac{220}{2}+222+212+216+218+229+\frac{230}{2}\right)/(7-1)}$$

$$=\frac{201.00}{220.33}=9\ 122.68\text{(元/人)}$$

分析：2016年该企业上半年月平均全员劳动生产率为8 165.88元/人，下半年月平均全员劳动生产率为9 122.68元/人，下半年比上半年月平均全员劳动生产率高出956.80元/人，原因是2016年3月该企业总产值出奇地下跌，仅为80万元。

4. 已知某企业制造A产品的单位成本资料如下表所示：

年份	2011	2012	2013	2014	2015	2016
成本水平（元）	12.80	13.00	12.40	12.10	11.80	11.60

试计算A产品成本逐期降低量、逐期降低率和平均每年递减率。

解：根据上表资料，计算时间数列分析指标如下。

年份	2011	2012	2013	2014	2015	2016
成本水平（元）	12.80	13.00	12.40	12.10	11.80	11.60
成本逐期降低量（元）		0.20	-0.60	-0.30	-0.30	-0.20
成本逐期降低率（%）		1.56	-4.62	-2.42	-2.48	-1.69

成本平均每年递减率 $=\sqrt[5]{\dfrac{11.60}{12.8}}-1=-1.95\%$

5. 某企业2016年的增加值为4 000万元，计划到2021年增加值要达到10 000万元。试计算：

（1）每年应以怎样的增长速度进行生产，才能达到预定的计划目标？

（2）如果希望提前两年完成计划，则每年的增长速度应较原来提高多少？

（3）如果按新的增长速度继续生产，到2021年该企业的增加值应为多少？

解：（1）年均增长速度 $=\sqrt[5]{\dfrac{10\ 000}{4\ 000}}-1=20.11\%$

（2）若提前两年完成，则年均增长速度 $=\sqrt[3]{\dfrac{10\ 000}{4\ 000}}-1=35.72\%$

每年增长速度较原来提高 $\dfrac{135.72\%}{120.11\%}-1=13.00\%$

（3）2021年该企业的增加值 $=4\ 000\times(135.72\%)^5=18\ 419.56$（万元）

6. 已知某地区国内生产总值最近5年的环比增长速度依次为8.20%、8.80%、8.98%、10.50%和10.83%，试计算该地区5年的平均增长速度。若该地区要实现国内生产总值翻两番，那么需要多少时间？

解：该地区5年的平均增长速度

$=\sqrt[5]{1.082\times1.088\times1.089\ 8\times1.105\times1.108\ 3}-1=9.46\%$

该地区国内生产总值翻两番需要的时间 $=\dfrac{\lg4}{\lg1.094\ 6}=15$（年）

六、综合自测题

（一）判断题

1. 定基增长速度等于相应各环比增长速度的连乘积。 （ ）

2. 某企业2016年产值比2009年增长1倍，比2014年增长0.5倍，则2014年比2009年增长0.33倍。 （ ）

3. 计算期各期发展水平之和与最初水平之比，实际上就是各期定基发展速度之和。 （ ）

4. 某市社会商品零售额2011年至2016年的环比增长速度分别为10.10%、9.50%、10.23%、11.28%、12.03%，则其平均增长速度为10.63%。 （ ）

5. 增长1%的绝对值是前期水平与100之比。 （ ）

6. 两个相邻的定基发展速度之商等于相应的环比发展速度。 （ ）

（二）单项选择题

1. 平均增长量等于（ ）。

①逐期增长量之和除以时间数列项数

②逐期增长量之和除以时间数列项数减1

③平均发展速度乘期初水平

④平均增长速度乘期初水平

2. 年距增长速度的计算公式是（ ）。

①逐期增长量÷前期水平

②逐期增长量÷最初水平

③年距增长量÷上年同期发展水平

④年距增长量÷最初水平

3. 定基发展速度等于（ ）。

①环比发展速度的连乘积

②环比增长速度的连乘积

③环比发展速度之和

④环比增长速度之和

4. 时间数列中，每个指标值相加有意义的是（ ）。

①相对数时间数列　　②时期数列

③时点数列　　④平均数时间数列

5. 采用几何平均法计算平均发展速度，其计算公式为（ ）。

①$\bar{x} = \sqrt{\prod x}$　　②$\bar{x} = \sqrt{x_1 \cdot x_2 \cdot \cdots \cdot x_n}$

③$\bar{x} = \sqrt[n]{\dfrac{a_n}{a_0}}$　　④$\bar{x} = \sqrt{\dfrac{a_n}{a_0}}$

6. 当时点数列的指标值时间间隔不等时，计算序时平均数的公式是（ ）。

①$\bar{a}=\frac{\sum_{i=1}^{n}a_i}{n}$

②$\bar{a}=\frac{\sum_{i=1}^{n}a_if_i}{\sum_{i=1}^{n}f_i}$

③$\bar{a}=\frac{\frac{a_1}{2}+a_2+\cdots+\frac{a_n}{2}}{n-1}$

④$\bar{a}=\frac{\frac{a_1+a_2}{2}\cdot f_1+\frac{a_2+a_3}{2}\cdot f_2+\cdots+\frac{a_{n-1}+a_n}{2}\cdot f_{n-1}}{f_1+f_2+\cdots+f_{n-1}}$

7. 若某地区的国内生产总值保持10%的年均增长率，预计该地区经济翻两番所需要的时间是(　　)。

①14.55年　　②7.27年

③11.53年　　④12.00年

8. 由人均国民收入组成的时间数列是(　　)。

①时期数列　　②时点数列

③相对数时间数列　　④平均数时间数列

(三) 多项选择题

1. 时点数列的各指标值(　　)。

①可以连续计量

②只能间断计量

③其大小与时间长短无关

④反映现象在某一时刻上状况的总量

⑤直接相加没有独立的实际意义

2. 编制时间数列应遵循的原则有(　　)。

①时间长短应该相等　　②总体范围应该一致

③指标经济内容应该相同　　④指标的计算方法应该一致

⑤计量单位应该一致

3. 下列数列中属于时点数列的有(　　)。

①各年新增人口数　　②各年高校毕业生人数

③各季商品库存量　　④各季商品销售额

⑤各季储蓄存款额

4. 下列各项中，可以称为序时平均数的有(　　)。

①平均发展水平　　②平均增长量

③平均发展速度　　④平均增长速度

⑤移动平均值

（四）填空题

1. 时间数列由两个基本要素构成：一是__________；二是__________。

2. 时间数列按其指标不同可分为________时间数列、________时间数列和________时间数列三种。

3. 时间数列的编制原则：一是______________；二是总体范围大小应该一致；三是指标的内容和计算方法应该统一。

4. 年距增长量 = ______________。

5. 某省工业总产值2016年与2006年相比翻了两番，则该省工业总产值年平均递增速度为______________。

6. 已知总速度的对数为0.602 0，平均发展速度的对数为0.030 1，则项数 $n=$ ______________。

7. 已知某地工农业总产值年平均发展速度的对数为0.060 2，年份为5年，则报告期与基期相比，定基总发展速度为______________。

（五）简答题

1. 为什么要计算年距发展速度？怎样计算年距发展速度？

2. 编制时间数列应遵循哪些原则？

（六）计算题

1. 假定某企业规定2016—2020年的5年内，劳动生产率应提高50%。2016年该企业提高了10%，2017年又提高了10%。要求：

（1）2016—2020年的后3年中平均每年劳动生产率应提高百分之几，方能完成这5年确定的目标？

（2）如果按每年提高10%计算，则2020年劳动生产率应提高多少？

2. 某地区2016年国民生产总值为350亿元，年平均人口为600万人。若该地区国民生产总值平均每年递增8%，从2016年到2021年控制净增人口为46万人。试计算：

（1）到2021年该地区国民生产总值将为多少亿元？

（2）2017—2021年平均人口自然增长率应控制在多少？

（3）到2021年该地区人均国民生产总值将为多少？

3. 某商店的商品销售额和职工人数资料如下表所示。试计算该公司第四季度人均月商品销售额。

月份	9	10	11	12
销售额（万元）	1 500	1 600	1 650	1 850
月末职工人数（人）	600	615	630	660

第十一章　时间数列预测方法

一、学习目的与要求

通过对本章的学习，使读者明确时间数列的基本原理，掌握长期趋势预测分析方法：时距扩大法、移动平均法、指数平滑法、最小平方法；同时掌握季节变动分析方法：同期水平平均法和长期趋势剔除法；了解循环变动和不规则变动分析预测方法。

二、学习重点与难点

本章的学习重点是最小平方法和同期水平平均法；难点是指数平滑法和循环变动分析。

三、内容提示

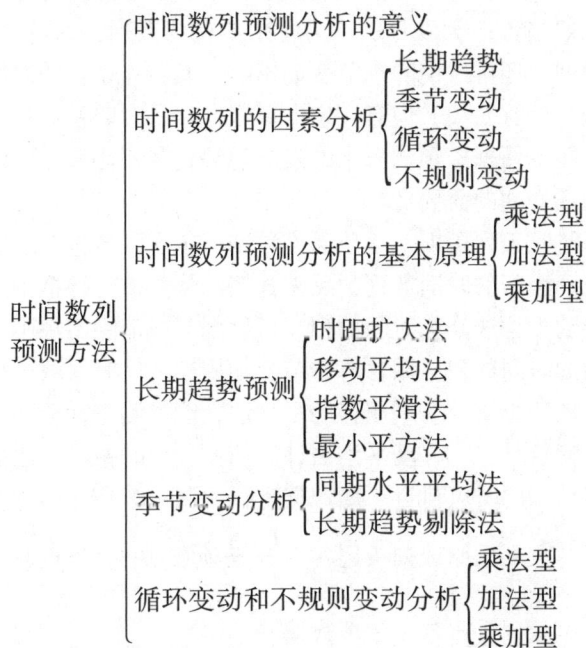

- 时间数列预测方法
  - 时间数列预测分析的意义
  - 时间数列的因素分析
    - 长期趋势
    - 季节变动
    - 循环变动
    - 不规则变动
  - 时间数列预测分析的基本原理
    - 乘法型
    - 加法型
    - 乘加型
  - 长期趋势预测
    - 时距扩大法
    - 移动平均法
    - 指数平滑法
    - 最小平方法
  - 季节变动分析
    - 同期水平平均法
    - 长期趋势剔除法
  - 循环变动和不规则变动分析
    - 乘法型
    - 加法型
    - 乘加型

四、思考题与解答要点

1. 时间数列通常可以分解为哪几种因素？各种因素的概念是什么？

答：时间数列通常可以分解为长期趋势、季节变动、循环变动和不规则变动四个因素。

长期趋势是指受事物发展的根本原因制约而形成的事物在一段较长时期内持续增长或持续下降的基本趋势。季节变动是指由于自然条件、社会条件的影响，社会经济现象在一年内随着季节的转变而引起的周期性变动。循环变动是指社会经济现象以若干年为周期呈波浪式的变动。不规则变动是指由于天灾、人祸、战乱等意外因素的影响而产生的变动。

2. 时间数列各种因素的结构类型有哪几种？各种类型的关系式表现如何？

答：时间数列各种因素的结构类型有乘法型、加法型和乘加型。各种类型的关系式表现如下：①乘法型关系式为 $Y = T \times S \times C \times I$；②加法型关系式为 $Y = T + S + C + I$；③乘加型关系式为 $Y = T \times S + C \times I$。

3. 什么是时距扩大法和移动平均法？各有什么作用和特点？

答：时距扩大法，也称为间隔扩大法，是指将原有时间数列中若干时期加以合并，得出扩大间隔的较大时距单位的数据，以便消除较小时距单位所受到的不规则变动影响，反映现象发展变化长期趋势的方法。其作用有：①可用时距扩大后的总量指标编制新的时间数列和用时距扩大后的序时平均数编制新的时间数列，反映现象发展变化的长期趋势；②以月、季为时距单位的数列，通过合并，扩大为以年为时距单位的数列，还可以消除季节变动影响。其特点是：①时距扩大法是一种时间数列分析法，计算简便，但有一定的局限性；②时距扩大后，新数列的项数比原数列少，可能不便据以预测未来的发展趋势；③不能满足消除长期趋势、分析季节变动和循环变动的需要。

移动平均法，是指根据时间数列资料，逐项递推移动，依次计算包含一定项数的扩大时距平均数，形成一个新的时间数列，反映长期趋势并进行外推预测的方法。其作用是：①采用移动平均法修匀时间数列，可以削弱或消除不规则变动的影响；②包含有季节变动的时间数列，用含有季节变动周期的序时项数进行移动平均，还可以消除季节变动的影响；③利用移动平均法，能够测定社会经济现象发展变化的基本趋势。其特点是：①移动平均法计算简便，比时距扩大法能以较多的数据反映长期趋势变动，同时可对近一期数据进行预测。②在序时项数 P 为奇数时，所形成的移动平均数列比原数列头尾各少 $\frac{P-1}{2}$ 项数据；在序时项数 P 为偶数时，移动平均数列比原数列头尾各少 $\frac{P}{2}$ 项数据。

4. 什么是指数平滑法？其权系数和初始值的选择有什么要求？

答：指数平滑法是一种特殊的加权平均法，它是利用本期实际观察值和本期趋势预测值，分别对不同权数进行加权，求得一个指数平滑值，作为下一期趋势预测值的预测方法。

指数平滑法中权系数的选择是很重要的，其取值范围是 $\alpha \in (0, 1)$。一般对于经济波动比较平稳的时间数列，权系数可以取小一点的值，如在 0.1 ~ 0.3 之间取值；如果时间数列波动较大，则权系数宜取大一些，如在 0.7 ~ 0.8 之间取值，以加强对近期数据的重视。在实际应用中，由于直观判断有时不准确，故宜多取几个 α 值计算，然后比较其均方误差 $MSE = \frac{\sum_{t=1}^{n}(y_t - T_t)^2}{n}$，$MSE$ 最小的系数对应的时间数列趋势预测值为最优。

选择初始值有两种情况：①当样本为大样本时，初始值以时间数列的首项替代；②当样本为小样本时，初始值以时间数列的前几项求一简单平均数替代。

5. 什么是最小平方法？它的要求是什么？

答：最小平方法也称为最小二乘法，是时间数列长期趋势预测分析中的传统方法。它要求实际值和趋势预测值的离差平方和为最小值，列出联立方程，估计参数，配合趋势模型，是分析预测长期趋势的方法。

6. 配合趋势直线模型、指数曲线模型和二次抛物线模型的条件分别是什么？

答：趋势直线模型的配合条件是：当时间数列散点图表现为直线趋势，其数据的一阶差分近似一常数时，可配合趋势直线模型。

指数曲线模型的配合条件是：当时间数列对数散点图表现为直线趋势，其数据对数的一阶差分近似一常数时，或其环比发展速度近似一常数时，可配合指数曲线模型。

二次抛物线模型的配合条件是：当时间数列散点图围绕上凹的上升或下凹的下降曲线趋势波动，其数据的逐期增长量之差（第二阶差）近似一个常数时，可配合二次抛物线模型。

7. 什么是季节变动分析？其目的是什么？有哪两种最常用的分析方法？

答：季节变动分析一般是根据以月、季为单位的时间数列资料，测定以年为周期的、随着季节转变而发生的周期性变动的规律性。其目的是通过研究、认识季节变动的规律性，提高经济预测和决策的准确性，同时也为时间数列循环变动和不规则变动的分析奠定基础。最常用的分析方法有同期水平平均法和长期趋势剔除法。

8. 什么是长期趋势剔除法？这种方法如何计算季节指数和季节差？如何分析季节变动？分析趋势季节变动的类型有哪几种？

答：长期趋势剔除法是指先配合趋势模型，确定各月（季）的趋势值加以剔除，再分析季节变动的方法。

季节指数的计算，是将长期趋势值去除相应的原时间数列的数据，剔除长期趋势影响，再同月（季）平均计算季节指数分析季节变动。

季节差的计算，是将原时间数列的实际数据减去长期趋势值，剔除长期趋势影响，再同月（季）平均计算季节差分析季节变动。

分析趋势季节变动的类型有乘法型、加法型。

9. 什么是循环变动分析？其目的是什么？什么是不规则变动分析？

答：循环变动分析是以时期较长的时间数列资料为基础，去测定以若干年为周期的社会经济现象盛衰起伏的变动规律。循环变动分析的目的是通过认识和掌握经济循环变动的规律性，研究经济发展的转折点，为国家加强宏观调控和企业提高经营管理水平提供依据，以利于国民经济持续快速健康地发展。

不规则变动分析是指对一些由不可估计、不可预料的原因引起的变动进行分析的方法。

五、习题与解答

1. 已知某煤矿 2016 年 4 月份采煤量如下表所示：

单位：吨

日期	产量	日期	产量	日期	产量
1	301	11	308	21	336
2	302	12	319	22	334
3	304	13	320	23	338
4	291	14	323	24	338
5	298	15	296	25	339
6	310	16	290	26	345
7	305	17	328	27	342
8	312	18	330	28	356
9	315	19	334	29	350
10	310	20	333	30	351

试编制：（1）按 5 日扩大时距的时间数列；（2）5 日平均日产量的时间数列；（3）5 日移动平均数。

解：（1）和（2）计算如下表所示：

单位：吨

日期	1 ~ 5	6 ~ 10	11 ~ 15	16 ~ 20	21 ~ 25	26 ~ 30
产量	1 496	1 552	1 566	1 615	1 685	1 744
平均日产量	299.2	310.4	313.2	323.0	337.0	348.8

（3）5 日移动平均数计算结果如下表所示：

单位：吨

日期	产量	5 日移动平均数	日期	产量	5 日移动平均数	日期	产量	5 日移动平均数
1	301		11	308	314.4	21	336	335.0
2	302		12	319	316.0	22	334	335.8
3	304	299.2	13	320	313.2	23	338	337.0
4	291	301.0	14	323	309.6	24	338	338.8
5	298	301.6	15	296	311.4	25	339	340.4
6	310	303.2	16	290	313.4	26	345	344.0
7	305	308.0	17	328	315.6	27	342	346.4
8	312	310.4	18	330	323.0	28	356	348.8
9	315	310.0	19	334	332.2	29	350	
10	310	312.8	20	333	333.4	30	351	

2. 某企业 2011 年至 2016 年销售额如下表所示：

年份	2011	2012	2013	2014	2015	2016
销售额（万元）	210	195	200	197	205	202

根据以上资料，用一次指数平滑法（$\alpha=0.4$）测定各年趋势预测值，并计算均方误差。

解：因为样本为小样本，初始值用前三项简单算术平均数替代，即 $S_0^{(1)}=\frac{210+195+200}{3}=\frac{605}{3}=201.67$，权系数为 $\alpha=0.4$。则 2011 年的一次指数平滑值为：$S_1^{(1)}-0.4\times210+(1-0.4)\times201.67-205.00$，其余类推，计算结果列于下表。

单位：万元

年份 t	销售额 y_t	一次指数平滑值 $S_t^{(1)}$（$\alpha-0.4$）	趋势预测值 $T_{t+1}-S_t^{(1)}$	离差 y_t-T_t	离差平方 $(y_t-T_t)^2$
2011	210	205.00	201.67	8.33	69.39
2012	195	201.00	205.00	-10.00	100.04
2013	200	200.60	201.00	-1.00	1.00
2014	197	199.16	200.60	-3.60	12.97

（续上表）

年份 t	销售额 y_t	一次指数平滑值 $S_t^{(1)}$（$\alpha=0.4$）	趋势预测值 $T_{t+1}=S_t^{(1)}$	离差 y_t-T_t	离差平方 $(y_t-T_t)^2$
2015	205	201.50	199.16	5.84	34.10
2016	202	201.70	201.50	0.50	0.25
2017			201.70		
合计	1 209	1 208.93	1 410.63	-0.07	217.76

均方误差 $MSE=217.76\div6=36.29$（万元）。

3. 某企业2010年至2016年销售额如下表所示：

年份	2010	2011	2012	2013	2014	2015	2016
销售额（万元）	300	324	347	372	396	420	446

根据以上资料，用二次指数平滑法（$\alpha=0.8$）测定各年趋势预测值。

解：因为样本为小样本，一次、二次指数平滑值的初始值均用前三项简单算术平均数替代，即 $S_0^{(1)}=S_0^{(2)}=\dfrac{300+324+347}{3}=\dfrac{971}{3}=323.67$，权系数为 $\alpha=0.8$。则，计算 $S_t^{(1)}$、$S_t^{(2)}$ 结果列于下表。

单位：万元

年份 t	销售额 y_t	一次指数平滑值 $S_t^{(1)}$（$\alpha=0.8$）	二次指数平滑值 $S_t^{(2)}$（$\alpha=0.8$）	预测值 T_{t+K}
2010	300	304.73	308.52	304.24
2011	324	320.15	317.82	329.52
2012	347	341.63	336.87	354.80
2013	372	365.93	360.11	380.08
2014	396	389.99	384.01	405.36
2015	420	414.00	408.00	430.64
2016	446	439.60	433.28	455.92
2017				481.20
2018				506.48

由计算结果，得 2016 年的一次、二次指数平滑值 $S_7^{(1)}=439.60$，$S_7^{(2)}=433.28$，可求得模型平滑系数为

$$a=2S_7^{(1)}-S_7^{(2)}=2\times439.60-433.28=445.92$$

$$b=\frac{\alpha}{1-\alpha}[S_7^{(1)}-S_7^{(2)}]=\frac{0.8}{1-0.8}\times(439.60-433.28)=25.28$$

可得线性模型 $T_{7+K}=a+bK=455.92+25.28K$

计算 2015 年、2016 年、2017 年、2018 年销售额预测值，$K=-1$、0、1、2。

$$T_{7-1}=455.92+25.28\times(-1)=430.64$$

$$T_{7+0}=455.92+25.28\times0=455.92$$

$$T_{7+1}=455.92+25.28\times1=481.20$$

$$T_{7+2}=455.92+25.28\times2=506.48$$

4. 某地区 2010 年至 2016 年工业增加值资料如下表所示：

年份	2010	2011	2012	2013	2014	2015	2016
工业增加值(万元)	180	200	208	214	220	233	241

试用最小平方法配合趋势直线模型，并测定各年长期趋势值。

解：

单位：万元

年份 t	年次 x	工业增加值 y_t	xy	x^2	趋势值 T_t
2010	-3	180	-540	9	185.75
2011	-2	200	-400	4	195.07
2012	-1	208	-208	1	204.39
2013	0	214	0	0	213.71
2014	1	220	220	1	223.03
2015	2	233	466	4	232.35
2016	3	241	723	9	241.67
合计	0	1 496	261	28	1 495.97

将上表合计栏资料代入联立方程，得

$$\begin{cases}\sum y=na\\ \sum xy=b\sum x^2\end{cases}$$

$$\begin{cases}1\ 496 = 70a \\ 261 = 28b\end{cases}$$

$$a = \frac{1\ 496}{7} = 213.71$$

$$b = \frac{261}{28} = 9.32$$

得趋势直线模型为：

$$T_t = 213.71 + 9.32x$$

将各年年次代入模型，即可求得各年趋势值，填入上表。

5. 某工厂产量资料如下表所示：

年份	2011	2012	2013	2014	2015	2016
产量（台）	75	89	105	124	148	177

试用最小平方法配合指数曲线模型，并测定各年长期趋势值。

解：

年份 t	年次 x	产量 y_t	$\ln y_t$	x^2	$x\ln y_t$	$\ln T_t$	T_t
2011	−5	75	4.317 5	25	−21.59	4.314 3	74.76
2012	−3	89	4.488 6	9	−13.47	4.485 5	88.72
2013	−1	105	4.654 0	1	−4.65	4.656 7	105.29
2014	1	124	4.820 3	1	4.82	4.827 9	124.95
2015	3	148	4.997 2	9	14.99	4.999 1	148.28
2016	5	177	5.176 1	25	25.88	5.170 3	175.99
合计	0	718	28.453 7	70	5.99	28.453 8	717.99

$$\lg a = \frac{\sum \ln y_t}{n} = \frac{28.453\ 7}{6} = 4.742\ 3$$

$$\lg b = \frac{\sum x \ln y_t}{\sum x^2} = \frac{5.99}{70} = 0.085\ 6$$

$a = 114.697\ 7$；$b = 1.089\ 4$

$\ln T_t = 4.742\ 3 + 0.085\ 6x$

$T_t = 114.697\ 7 \times (1.089\ 4)^x$

将各年年次代入模型，即可求得各年的估计对数值和趋势值，填入上表。如：

$\ln T_{2016} = 4.742\ 3 + 0.085\ 6 \times 5 = 5.170\ 3$

$T_{2016} = 114.697\ 7 \times (1.089\ 4)^5 = 175.99$

6. 某部门各年基本建设投资额资料如下表所示：

年份	2008	2009	2010	2011	2012	2013	2014	2015	2016
投资额(万元)	1 240	1 291	1 362	1 450	1 562	1 695	1 845	2 018	2 210

试用最小平方法配合二次抛物线模型，并测定各年长期趋势值。

解：计算过程请看下表。将表中相关数据填入以下公式计算参数 a、b、c。

$$a = \frac{\sum x^4 \sum y - \sum x^2 \sum x^2 y}{n \sum x^4 - (\sum x^2)^2} = \frac{708 \times 14\ 673 - 60 \times 100\ 954}{9 \times 708 - 60^2} = 1\ 562.50$$

$$b = \frac{\sum xy}{\sum x^2} = \frac{7\ 272}{60} = 121.2$$

$$c = \frac{n \sum x^2 y - \sum x^2 \sum y}{n \sum x^4 - (\sum x^2)^2} = \frac{9 \times 100\ 954 - 60 \times 14\ 673}{9 \times 708 - 60^2} = 10.175\ 3$$

年份 t	年次 x	投资额 y	x^2	x^4	xy	x^2y	T_t
2008	-4	1 240	16	256	-4 960	19 840	1 240.5
2009	-3	1 291	9	81	-3 873	11 619	1 290.5
2010	-2	1 362	4	16	-2 724	5 448	1 360.8
2011	-1	1 450	1	1	-1 450	1 450	1 451.5
2012	0	1 562	0	0	0	0	1 562.5
2013	1	1 695	1	1	1 695	1 695	1 693.9
2014	2	1 845	4	16	3 690	7 380	1 845.6
2015	3	2 018	9	81	6 054	18 162	2 017.7
2016	4	2 210	16	256	8 840	35 360	2 210.1
合计	0	14 673	60	708	7 272	100 954	

得二次抛物线模型：$T_t = 1\ 562.50 + 121.2x + 10.175\ 3x^2$

将各年年次代入模型，即可求得各年趋势值，填入上表。

7. 某市百货公司2013年至2016年各月毛线销售量资料如下表所示：

单位：百千克

年份	月份											
	1	2	3	4	5	6	7	8	9	10	11	12
2013	8.0	6.0	2.0	1.0	0.6	0.4	0.8	1.2	2.0	5.0	21.0	25.0
2014	15.0	9.0	4.0	2.5	1.0	0.8	1.2	2.0	3.5	8.5	34.0	35.0
2015	24.0	15.0	6.0	4.0	2.0	1.1	3.2	4.0	7.0	15.0	42.0	48.0
2016	28.0	14.0	8.0	3.0	1.2	0.9	3.7	4.8	8.3	14.0	47.0	51.0

试用同期水平平均法计算季节指数，进行季节变动分析。

解：

年份	月份													
	1	2	3	4	5	6	7	8	9	10	11	12	合计	年平均数
2013	8.0	6.0	2.0	1.0	0.6	0.4	0.8	1.2	2.0	5.0	21.0	25.0	73.0	6.083
2014	15.0	9.0	4.0	2.5	1.0	0.8	1.2	2.0	3.5	8.5	34.0	35.0	116.5	9.708
2015	24.0	15.0	6.0	4.0	2.0	1.1	3.2	4.0	7.0	15.0	42.0	48.0	171.3	14.275
2016	28.0	14.0	8.0	3.0	1.2	0.9	3.7	4.8	8.3	14.0	47.0	51.0	183.9	15.325
合计	75.0	44.0	20.0	10.5	4.8	3.2	8.9	12.0	20.8	42.5	144.0	159.0	544.7	45.391
同月平均数	18.75	11.0	5.0	2.625	1.2	0.8	2.225	3.0	5.2	10.625	36.0	39.75	136.175	11.348
季节指数（%）	165.23	96.93	44.06	23.13	10.57	7.05	19.61	26.44	45.82	93.63	317.24	350.28	120.00	100.00

分析：从上述分析可看出，该市百货公司毛线销售量1月是旺季，2月销售量逐渐下降，3月至9月是淡季，10月销售量开始转旺，11月、12月是旺季。

8. 某市水产公司2014年至2016年各季销售水产品资料如下表所示：

单位：万担

年份	2014				2015				2016			
季度	1	2	3	4	1	2	3	4	1	2	3	4
销量	1.05	0.85	2.04	1.48	1.83	1.70	4.46	3.17	3.21	3.85	6.33	4.80

试用最小平方法配合直线模型，剔除长期趋势，计算季节指数，分析趋势季节变动。

解：

（1）配合趋势模型：

年份	季次 x	销量 y	x^2	xy	趋势值 T_t	Y/T（%）	$Y-T$
2014. 1	-11	1. 05	121	-11. 55	0. 62	169. 35	0. 43
2	-9	0. 85	81	-7. 65	1. 03	82. 50	-0. 18
3	-7	2. 04	49	-14. 28	1. 45	141. 15	0. 59
4	-5	1. 48	25	-7. 40	1. 86	79. 56	-0. 38
2015. 1	-3	1. 83	9	-5. 49	2. 28	80. 44	-0. 45
2	-1	1. 70	1	-1. 70	2. 69	63. 20	-0. 99
3	1	4. 46	1	4. 46	3. 10	143. 64	1. 36
4	3	3. 17	9	9. 51	3. 52	90. 06	-0. 35
2016. 1	5	3. 21	25	16. 05	3. 93	81. 58	-0. 72
2	7	3. 85	49	26. 95	4. 35	88. 51	-0. 50
3	9	6. 33	81	56. 97	4. 76	132. 85	1. 57
4	11	4. 80	121	52. 80	5. 18	92. 67	-0. 38
合计	0	34. 77	572	118. 67		1 245. 51	0

$$a=\frac{\sum y}{n}=\frac{34.77}{12}=2.8975$$

$$b=\frac{\sum xy}{\sum x^2}=\frac{118.67}{572}=0.2075$$

得长期趋势直线模型：$T_t=2.8975+0.2075x$

将季次 x 值代入模型，即可求得各季长期趋势值 T_t，填入上表。

（2）分析季节变动：

年份	季度				
	1	2	3	4	合计
2014	169. 35%	82. 50%	141. 15%	79. 56%	
2015	80. 44%	63. 20%	143. 64%	90. 06%	
2016	81. 58%	88. 51%	132. 85%	92. 67%	
同季平均数	110. 46%	78. 07%	139. 21%	87. 43%	415. 17%
季节指数	106. 43%	75. 22%	134. 12%	84. 23%	400. 00%

$$校正系数=\frac{400}{415.17}=0.9635$$

根据季节指数＝同期平均数×校正系数，可求得各季的季节指数，列于上表。

（3）趋势季节变动分析：趋势季节变动＝长期趋势×季节变动＝$T \cdot S$。

计算结果如下表所示：

年份	销量 y	趋势值 T_t	季节指数 $S\%$	季节差 S	$T \cdot S$	$T+S$
2014. 1	1. 05	0. 62	106. 43	－0. 246 675	0. 66	0. 373 3
2	0. 85	1. 03	75. 22	－0. 556 675	0. 77	0. 473 3
3	2. 04	1. 45	134. 12	1. 173 325	1. 94	2. 623 3
4	1. 48	1. 86	84. 23	－0. 369 975	1. 57	1. 490 0
2015. 1	1. 83	2. 28	106. 43	－0. 246 675	2. 43	2. 033 3
2	1. 70	2. 69	75. 22	－0. 556 675	2. 02	2. 133 3
3	4. 46	3. 10	134. 12	1. 173 325	4. 16	4. 273 3
4	3. 17	3. 52	84. 23	－0. 369 975	2. 96	3. 150 0
2016. 1	3. 21	3. 93	106. 43	－0. 246 675	4. 18	3. 683 3
2	3. 85	4. 35	75. 22	－0. 556 675	3. 27	3. 793 3
3	6. 33	4. 76	134. 12	1. 173 325	6. 38	5. 933 3
4	4. 80	5. 18	84. 23	－0. 369 975	4. 36	4. 810 0

9. 利用第8题资料，计算季节差，分析趋势季节变动。

解：

（1）配合趋势模型，结果见第8题表。

（2）计算季节差分析季节变动：

年份	季度				合计
	1	2	3	4	
2014	0. 43	－0. 18	0. 59	－0. 38	
2015	－0. 45	－0. 99	1. 36	－0. 35	
2016	－0. 72	－0. 50	1. 57	－0. 38	
同期平均数	－0. 246 7	－0. 556 7	1. 173 3	－0. 370 0	－0. 000 1
季节差	－0. 246 725	－0. 556 675	1. 173 325	－0. 369 975	0

$$校正值=\frac{-0.0001}{4}=-0.000025$$

季节差＝同期平均数－校正值，计算结果见上表。

（3）趋势季节变动分析：趋势季节变动＝长期趋势＋季节差＝$T+S$，计算结果列于第8题趋势季节变动分析表中。

10. 某省 1996 年至 2016 年各年净增人口数如下表所示：

单位：万人

年份	净增人口数	年份	净增人口数	年份	净增人口数
1996	139.42	2003	110.61	2010	123.98
1997	143.02	2004	103.48	2011	114.55
1998	140.93	2005	101.65	2012	114.86
1999	139.11	2006	111.23	2013	115.70
2000	134.63	2007	119.60	2014	126.23
2001	132.61	2008	118.31	2015	128.00
2002	123.45	2009	129.09	2016	122.90

试用剩余法中的乘法型，分析长期趋势、循环变动和不规则变动（长期趋势可用最小平方法配合直线模型测定，循环变动可采用循环及不规则变动的 3 项移动平均测定）。

解：剩余法中乘法型方程为 $Y=T\cdot C\cdot I$，计算结果列于下表。

年份	净增人口数（万人）	趋势值 T（万人）	循环及不规则变动 $C\cdot I$(%)	循环变动 C（%）	不规则变动 I（%）
1996	139.42	132.40	105.30		
1997	143.02	131.51	108.75	107.32	101.34
1998	140.93	130.62	107.90	107.96	99.94
1999	139.11	129.73	107.23	106.54	100.65
2000	134.63	128.84	104.50	105.13	99.40
2001	132.61	127.95	103.65	101.77	101.84
2002	123.45	127.05	97.16	96.16	101.04
2003	110.61	126.16	87.67	89.15	98.35
2004	103.48	125.27	82.60	84.00	98.34
2005	101.65	124.38	81.72	84.80	96.37
2006	111.23	123.49	90.07	89.78	100.32
2007	119.60	122.60	97.55	94.94	102.75

（续上表）

年份	净增人口数（万人）	趋势值 T（万人）	循环及不规则变动 $C\cdot I$(%)	循环变动 C（%）	不规则变动 I（%）
2008	118.31	121.71	97.20	100.53	96.69
2009	129.09	120.82	106.84	102.47	104.26
2010	123.98	119.93	103.38	102.15	101.20
2011	114.55	119.04	96.23	98.94	97.26
2012	114.86	118.15	97.21	97.37	99.84
2013	115.70	117.26	98.67	101.45	97.26
2014	126.23	116.37	108.47	105.99	102.34
2015	128.00	115.48	110.84	108.86	101.82
2016	122.90	114.59	107.25		

11. 利用第 10 题资料，用剩余法中的加法型，分析长期趋势、循环变动和不规则变动。

解：剩余法中加法型方程为 $Y=T+C+I$，计算结果列于下表。

年份	净增人口数（万人）	趋势值 T（万人）	循环及不规则变动 $C+I$（%）	循环变动 C（%）	不规则变动 I（%）
1996	139.42	132.40	7.02		
1997	143.02	131.51	11.51	9.62	1.90
1998	140.93	130.62	10.31	10.40	-0.09
1999	139.11	129.73	9.38	8.50	0.89
2000	134.63	128.84	5.79	6.61	-0.82
2001	132.61	127.95	4.66	2.28	2.38
2002	123.45	127.05	-3.60	-4.83	1.23
2003	110.61	126.16	-15.55	-13.65	-1.90
2004	103.48	125.27	-21.79	-20.03	-1.77
2005	101.65	124.38	-22.73	-18.93	-3.80
2006	111.23	123.49	-12.26	-12.67	0.40
2007	119.60	122.60	-3.00	-6.22	3.22
2008	118.31	121.71	-3.40	0.62	-4.02
2009	129.09	120.82	8.27	2.97	5.30
2010	123.98	119.93	4.05	2.61	1.44
2011	114.55	119.04	-4.49	-1.24	-3.25

（续上表）

年份	净增人口数（万人）	趋势值 T（万人）	循环及不规则变动 $C+I$（%）	循环变动 C（%）	不规则变动 I（%）
2012	114.86	118.15	-3.29	-3.11	-0.18
2013	115.70	117.26	-1.56	1.67	-3.23
2014	126.23	116.37	9.86	6.94	2.92
2015	128.00	115.48	12.52	10.23	2.29
2016	122.90	114.59	8.31		

12. 利用第10题资料，用剩余法中的乘加型，分析长期趋势、循环变动和不规则变动。（提示：乘加型为 $Y=T+C\cdot I$）

解：剩余法中乘加型方程为 $Y=T+C\cdot I$，计算结果列于下表。

年份	净增人口数（万人）	趋势值 T（万人）	循环及不规则变动 $C\cdot I$（%）	循环变动 C（%）	不规则变动 I（%）
1996	139.42	132.40	7.02		
1997	143.02	131.51	11.51	9.62	119.72
1998	140.93	130.62	10.31	10.40	99.13
1999	139.11	129.73	9.38	8.50	110.43
2000	134.63	128.84	5.79	6.61	87.60
2001	132.61	127.95	4.66	2.28	204.17
2002	123.45	127.05	-3.60	-4.83	74.61
2003	110.61	126.16	-15.55	-13.65	113.94
2004	103.48	125.27	-21.79	-20.03	108.82
2005	101.65	124.38	-22.73	-18.93	120.09
2006	111.23	123.49	-12.26	-12.67	96.82
2007	119.60	122.60	-3.00	-6.22	48.26
2008	118.31	121.71	-3.40	0.62	-548.11
2009	129.09	120.82	8.27	2.97	278.27
2010	123.98	119.93	4.05	2.61	155.21
2011	114.55	119.04	-4.49	-1.24	360.84
2012	114.86	118.15	-3.29	-3.11	105.67
2013	115.70	117.26	-1.56	1.67	-93.48
2014	126.23	116.37	9.86	6.94	142.08
2015	128.00	115.48	12.52	10.23	122.38
2016	122.90	114.59	8.31		

六、综合自测题

（一）判断题

1. 长期趋势、季节变动、循环变动和不规则变动均有其规律性，可以用统计方法加以测定。（　　）

2. 在时距扩大法中，时距扩大后新数列的项数比原来数列少得多，因此，可以用来预测未来的发展趋势，满足消除长期趋势、分析季节变动和循环变动的需要。（　　）

3. 一次指数平滑法只适合于具有水平发展趋势的时间数列分析，而且只能作近期预测。（　　）

4. 一般来说，对于含有周期变动的时间数列，采用的序时项数应与周期长度相一致，以便消除周期变动和不规则变动的影响，准确反映现象发展变化的长期趋势。（　　）

5. 同期水平平均法是根据三年以上的历史资料，求出同月（季）季节比率，来计算季节指数分析季节变动的方法。（　　）

6. 循环变动和不规则变动分析预测常用的方法是剩余法。（　　）

（二）单项选择题

1. 移动平均修匀时间数列所用的方法是(　　)。

①简单算术平均法　　②加权算术平均法

③调和平均法　　④几何平均法

2. 最小平方法要求(　　)。

①$\sum(Y-T)^2=0$　　②$\sum(Y-T)=\min$

③$\sum(Y-T)=0$　　④$\sum(Y-T)^2=\min$

3. 二次抛物线所依据资料的特点是(　　)。

①定基发展速度大致相等

②环比发展速度大致相等

③逐期增长量近似一个常数

④逐期增长量之差近似一个常数

4. 已知时间数列各期发展水平依次为10、24、44、70、102、140，则该资料拟合(　　)。

①直线模型　　②指数曲线模型

③二次抛物线模型　　④三次抛物线模型

5. 若无季节变动，则季节指数为(　　)。

①0　　②1　　③大于1　　④小于1

6. 用按月平均法测定季节指数，各月季节指数之和应等于(　　)。

①100%　　②120%　　③400%　　④1 200%

7. 已知同一指标不同年度的数值顺序排列，欲求季节指数，则(　　)。

①用按月平均法　　②用移动平均趋势剔除法

③上述两种方法皆可以　　④上述两种方法皆不行

8. 某指标的季节指数是指该指标在(　　)。

①一年中每季指标值占全年指标值的比重

②一年中每半年指标值占全年指标值的比重

③一年中每月指标值占全年指标值的比重

④各年中的分布变化情况

（三）多项选择题

1. 当时间数列呈现直线增长趋势时，进行长期趋势预测可采用的方法有(　　)。

①时距扩大法　　②移动平均法

③一次指数平滑法　　④二次指数平滑法

⑤最小平方法

2. 在指数平滑趋势模型 $T_{t+1}=\alpha y_t+(1-\alpha)T_t$ 中，权系数 α 的选择应注意(　　)。

①对于经济波动比较平稳的时间数列，权系数在 0.1 ~ 0.3 之间取值

②对于经济波动比较平稳的时间数列，权系数在 0.7 ~ 0.8 之间取值

③若时间数列波动较大，则权系数在 0.1 ~ 0.3 之间取值

④若时间数列波动较大，则权系数在 0.7 ~ 0.8 之间取值

⑤在实际中，以多取几个 α 值计算，然后比较其均方误差，选择均方误差最小的系数对应的时间数列趋势预测值为最优

3. 长期趋势预测分析常用的方法有(　　)。

①长期趋势剔除法　　②时距扩大法

③指数平滑法　　④移动平均法

⑤最小平方法

4. 利用乘法型进行循环变动和不规则变动时，以下叙述中正确的是(　　)。

①循环变动百分数小于 100% 为经济扩张期

②循环变动百分数大于 100% 为经济收缩期

③不规则变动等于 100% 表示无影响

④不规则变动大于 100% 为正影响

⑤不规则变动小于 100% 为负影响

5. 利用加法型进行循环变动和不规则变动时，以下叙述中正确的是(　　)。

①循环变动绝对数大于 0 为经济扩张期

②循环变动绝对数小于 0 为经济收缩期

③循环变动等于 0 为无循环变动

④不规则变动绝对数等于 0 表示无影响

⑤不规则变动绝对值正值为正影响，负值为负影响，离0的远近与影响的对象成反比

（四）填空题

1. 影响时间数列变动的具体原因很多，一般可归纳为＿＿＿＿＿、＿＿＿＿＿、＿＿＿＿＿和＿＿＿＿＿四种因素。

2. 时间数列分析中各种因素的结构类型为＿＿＿＿＿＿＿、＿＿＿＿＿＿＿和＿＿＿＿＿＿＿三种类型。

3. 在季节变动分析预测中，最常用的方法是＿＿＿＿＿＿和＿＿＿＿＿。

4. 在循环变动分析预测中，＿＿＿＿＿是假设各种因素变动是相互独立的，不太符合实际情况；＿＿＿＿＿是假设各种因素是相互影响的，更符合实际情况；＿＿＿＿＿则是以上两者的综合和折中。

（五）简答题

1. 简述时间数列分析的基本原理。

2. 什么是季节变动？为什么要测定季节变动？

3. 什么是长期趋势分析预测？其目的是什么？

（六）计算题

1. 对某地工业总产值2012—2016年的数据，配合不同的趋势方程式，得趋势值如下表所示：

年份	趋势值（1）	趋势值（2）
2012	115	117
2013	119	118
2014	123	121
2015	127	126
2016	131	133

要求：

（1）判断两种趋势值数列各自所代表的趋势方程的类型；

（2）根据趋势值数列，写出原趋势方程式。

2. 某企业历年利润资料如下表所示：

年份	利润（万元）
2010	20
2011	23
2012	27
2013	30
2014	32
2015	35
2016	38

要求用最小平方法预测该企业 2017 年的利润额。

3. 某地区历年人口数字如下表所示：

年份	人口数（万人）	年份	人口数（万人）
2011	85. 50	2014	88. 47
2012	86. 48	2015	89. 46
2013	87. 46	2016	90. 44

要求根据上述资料的性质，拟合恰当的趋势方程，并预测该地区 2017 年的人口数。

4. 已知某地缝纫机销售量资料如下表所示：

年份	2010	2011	2012	2013	2014	2015	2016
销售量（万架）	21	30	38	45	49	51	50

要求分析上述资料的性质，拟合恰当的模型，并预测 2017 年的销售量。

第十二章　统计指数

一、学习目的与要求

通过对本章的学习，使读者明确统计指数的意义和分类，掌握总指数编制的理论和方法，并能熟练地利用指数体系进行因素分析。

二、学习重点与难点

本章的学习重点是综合指数、平均指数和平均指标指数的编制；难点是运用指数体系进行因素分析。

三、内容提示

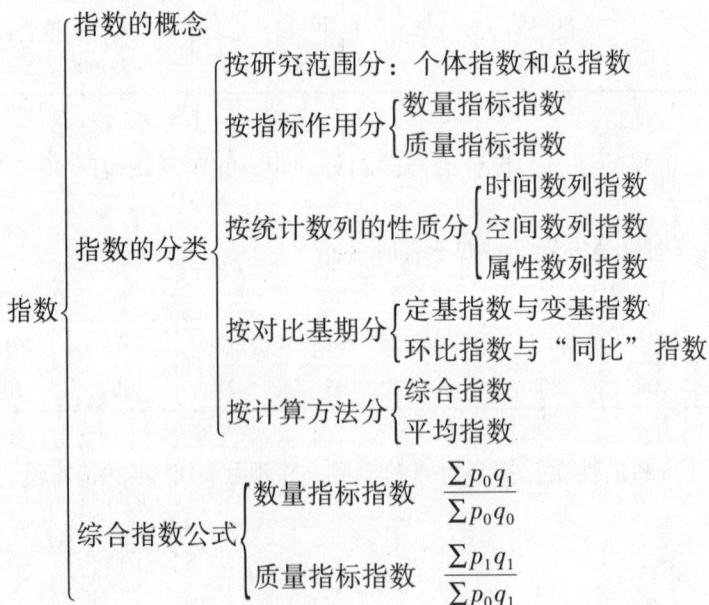

- 指数
  - 指数的概念
  - 指数的分类
    - 按研究范围分：个体指数和总指数
    - 按指标作用分
      - 数量指标指数
      - 质量指标指数
    - 按统计数列的性质分
      - 时间数列指数
      - 空间数列指数
      - 属性数列指数
    - 按对比基期分
      - 定基指数与变基指数
      - 环比指数与“同比”指数
    - 按计算方法分
      - 综合指数
      - 平均指数
  - 综合指数公式
    - 数量指标指数　$\frac{\sum p_0 q_1}{\sum p_0 q_0}$
    - 质量指标指数　$\frac{\sum p_1 q_1}{\sum p_0 q_1}$

指数

- 平均指数公式
  - 加权算术平均指数 $\frac{\sum K_q p_0 q_0}{\sum p_0 q_0}$，其中 $K_q=\frac{q_1}{q_0}$
  - 加权调和平均指数 $\frac{\sum p_1 q_1}{\sum \frac{1}{K_p} p_1 q_1}$，其中 $K_p=\frac{p_1}{p_0}$
  - 固定权数加权算术平均指数 $\frac{\sum k_p \omega}{\sum \omega}$，其中 ω 为权数，$\sum \omega=100$
- 平均指标指数公式
  - 可变构成指数 $\frac{\sum x_1 f_1}{\sum f_1} \bigg/ \frac{\sum x_0 f_0}{\sum f_0}$
  - 固定构成指数 $\frac{\sum x_1 f_1}{\sum f_1} \bigg/ \frac{\sum x_0 f_1}{\sum f_1}$
  - 结构影响指数 $\frac{\sum x_0 f_1}{\sum f_1} \bigg/ \frac{\sum x_0 f_0}{\sum f_0}$
- 常用指数体系分类
  - 1. 综合指数体系

    (1)销售额指数 = 物价指数 × 销售量指数

    $$\frac{\sum p_1 q_1}{\sum p_0 q_0}=\frac{\sum p_1 q_1}{\sum p_0 q_1}\times\frac{\sum p_0 q_1}{\sum p_0 q_0}$$

    销售额增减额 = 因物价变动影响的增减额 + 因销售量变动影响的增减额

    $$\sum p_1 q_1-\sum p_0 q_0=(\sum p_1 q_1-\sum p_0 q_1)+(\sum p_0 q_1-\sum p_0 q_0)$$

    (2)总产值指数 = 价格指数 × 产品产量指数

    [公式同(1)]

    (3)生产费用指数 = 单位成本指数 × 产品产量指数

    $$\frac{\sum z_1 q_1}{\sum z_0 q_0}=\frac{\sum z_1 q_1}{\sum z_0 q_1}\times\frac{\sum z_0 q_1}{\sum z_0 q_0}$$（式中 z 代表单位产品成本）

    生产费用增减额 = 因单位成本变动影响的增减额 + 因产品产量变动影响的增减额

    $$\sum z_1 q_1-\sum z_0 q_0=(\sum z_1 q_1-\sum z_0 q_1)+(\sum z_0 q_1-\sum z_0 q_0)$$

指数 — 常用指数体系分类

2. 平均指数体系

(1)销售额指数 = 物价指数 × 销售量指数

$$\frac{\sum p_1q_1}{\sum p_0q_0}=\frac{\sum p_1q_1}{\sum \frac{1}{k_p}p_1q_1}\times\frac{\sum k_qp_0q_0}{\sum p_0q_0}$$

销售额增减额 = 因物价变动影响的增减额 + 因销售量变动影响的增减额

$$\sum p_1q_1-\sum p_0q_0=\left(\sum p_1q_1-\sum\frac{1}{k_p}p_1q_1\right)+\left(\sum k_qp_0q_0-\sum p_0q_0\right)$$

(2)生产费用指数 = 单位成本指数 × 产品产量指数

$$\frac{\sum z_1q_1}{\sum z_0q_0}=\frac{\sum z_1q_1}{\sum \frac{1}{k_z}z_1q_1}\times\frac{\sum k_qz_0q_0}{\sum z_0q_0}$$

生产费用增减额 = 因单位成本变动影响的增减额 + 因产品产量变动影响的增减额

$$\sum z_1q_1-\sum z_0q_0=\left(\sum z_1q_1-\sum\frac{1}{k_z}z_1q_1\right)+\left(\sum k_qz_0q_0-\sum z_0q_0\right)$$

3. 平均指标指数体系

平均工资可变构成指数 = 平均工资固定构成指数 × 平均工资结构影响指数

$$\frac{\frac{\sum x_1f_1}{\sum f_1}}{\frac{\sum x_0f_0}{\sum f_0}}=\frac{\frac{\sum x_1f_1}{\sum f_1}}{\frac{\sum x_0f_1}{\sum f_1}}\times\frac{\frac{\sum x_0f_1}{\sum f_1}}{\frac{\sum x_0f_0}{\sum f_0}}$$

平均工资增减额 = 因工资水平变动影响的增减额 + 因工人结构变动影响的增减额

$$\frac{\sum x_1f_1}{\sum f_1}-\frac{\sum x_0f_0}{\sum f_0}=\left(\frac{\sum x_1f_1}{\sum f_1}-\frac{\sum x_0f_1}{\sum f_1}\right)+\left(\frac{\sum x_0f_1}{\sum f_1}-\frac{\sum x_0f_0}{\sum f_0}\right)$$

四、思考题与解答要点

1. 什么叫指数？狭义的指数与广义的指数有什么不同？

答：指数有广义与狭义之分。广义的指数指反映社会经济现象变动或差异程度的相对数。它包括一切动态相对数（发展速度）和某些比较相对数。狭义的指数则是反映由不同度量的事物所构成的特殊总体变动或差异程度的特殊相对数。

2. 指数有什么作用?

答：指数有以下几方面的作用：①反映事物变动的方向和程度；②反映事物在不同空间的差异程度；③反映事物的某些比例关系；④可用于分析受多种因素影响的复杂社会经济总体的总变动中各因素变动的影响程度。

3. 什么叫质量指标指数？什么叫数量指标指数?

答：反映事物的性质、质量和管理水平的指标叫质量指标，反映质量指标变动或差异程度的相对数叫质量指标指数；反映事物的规模和总量的指标叫数量指标，反映数量指标变动或差异程度的相对数叫数量指标指数。

4. 什么叫综合指数?

答：综合指数是指用综合法加总总体各部分数值来计算的指数。

5. 什么叫同度量因素？什么叫指数化因素?

答：狭义的指数的研究对象是由不同度量（不能直接加总）的事物所构成的特殊总体，但用综合法计算指数时，却必须把这个特殊总体的各个部分（不能直接相加的各个部分）加总起来。因此，必须把不同度量的事物变为同度量的事物，把不能直接加总的各个部分变为能够相加的各个部分。这种把不同度量的事物转化为同度量事物的媒介因素，就叫同度量因素。例如，各种产品的产量不能直接相加，但通过价格，产量可变为产值，而产值是可以相加的，这里的价格就是同度量因素。指数化因素则是通过指数去反映其变动或差异程度的那个因素。前例中，产量就是指数化因素。

6. 确定统计指数同度量因素的一般原则是什么？为什么?

答：确定统计指数同度量因素的一般原则是：质量指标指数应以报告期的数量指标作为同度量因素，数量指标指数则应以基期的质量指标作为同度量因素。因为这个原则不仅保证了物量指数、物价指数和物值指数三者之间数量上的衔接和平衡，而且使物量指数和物价指数都具有最佳的经济意义。

7. 什么叫平均指数？作为综合指数之变形的平均指数有哪几种?

答：平均指数指个体指数的平均数。作为综合指数之变形的平均指数，有加权算术平均指数和加权调和平均指数两种。

8. 将综合指数变为平均指数时应遵循哪些原则?

答：按照确定统计指数同度量因素的一般原则，无论是物量指数还是物价指数，公式中都有一个$\sum p_0q_1$（各商品或产品的基期价格乘报告期物量之积的总和），这是实际工作中较难掌握的资料，使综合公式的可行性受到影响。正是为解决这一难题，我们才需将综合指数变为加权平均指数。

将综合指数变为平均指数时，应注意以下四点：①当掌握了个体指数和综合指数的分母资料时，可将综合指数变为加权算术平均指数；②当掌握了个体指数和综合指数的分子资料时，可将综合指数变为加权调和平均指数；③数量指标指数一般宜采用加权算术平均法；④质量指标指数一般宜采用加权调和平均法。

9. 什么叫指数体系？指数体系有什么作用？

答：指数体系是指在经济意义上和数量上相互联系的一系列指数所形成的整体。这里所说的相互联系，是指各指数之间在数量上相互衔接和相互制约。指数体系的作用，首先是可通过相对数的形式，测定受多种因素影响的复杂总体中各因素变动影响的程度；其次，可从绝对数的角度，计算复杂总体的总变动中因各因素变动而产生的绝对量；最后，运用指数体系还可根据已知资料推算未知资料。

10. 什么叫因素分析法？因素分析法有什么作用？

答：因素分析法又叫连环替代法，指在分析受多种因素影响的事物的变动时，为观察一个因素变动的影响而将其他因素固定下来，然后再分析另一个因素变动的影响，如此逐项分析，逐项替代，使各因素之变动呈连环之势。因素分析法是指数法原理的应用，是指数体系理论的发展。所以，因素分析法具有与指数体系相同的作用，但其应用范围比指数体系中所说的更广：它既可用于双因素事物分析，又可用于多因素事物分析；既可用于总量指标的分析，也可用于相对指标和平均指标的分析；既可用于不同时间的动态分析，也可用于不同空间的差异分析。

11. 进行因素分析时应注意哪些问题？

答：进行因素分析时，应注意以下四点：①应将影响事物发展的因素分为数量指标和质量指标；②应按照确定统计指数同度量因素的一般原则去确定各因素指标所属的时期；③在作多因素连环替代分析时，各因素应按一定的顺序排列，使各因素之变动呈连环之势；④分析各因素指标变动的影响时，既要看相对数，又要看绝对数。

12. 什么叫可变组成指数？什么叫固定组成指数？什么叫结构影响指数？三者各反映什么内容？三者之间存在什么关系？怎样进行平均指标的连环替代分析？

答：(1) 可变组成指数是指根据报告期和基期总体平均指标的实际水平对比计算的指数。它反映了变量水平和总体结构这两个因素综合变动的指数。

(2) 固定组成指数是指将总体构成（即各部分比重）固定在报告期计算的总平均指标指数。它只反映变量水平变动的指数。

(3) 结构影响指数是指将各部分（组）水平固定在基期条件下计算的总平均指标指数。它只反映总体结构变动影响的指数。

(4) 三个指数的相互关系是：

相对数关系：可变组成指数 = 固定组成指数 × 结构影响指数

即：$\dfrac{\overline{x}_1}{\overline{x}_0} = \dfrac{\overline{x}_1}{\overline{x}_0{}'} \times \dfrac{\overline{x}_0{}'}{\overline{x}_0}$

绝对数关系：$\overline{x}_1 - \overline{x}_0 = (\overline{x}_1 - \overline{x}_0{}') + (\overline{x}_0{}' - \overline{x}_0)$

(5) 怎样进行平均指标的连环替代分析？

进行平均指标的连环替代分析，看起来很复杂，实际上很简单，其步骤是：

①先计算三个平均数：

报告期的平均数$\overline{x_1}=\sum x_1 f_1/\sum f_1$

基期的平均数$\overline{x_0}=\sum x_0 f_0/\sum f_0$

假定的平均数$\overrightarrow{x_0}'=\sum x_0 f_1/\sum f_1$（注意：不是$\sum x_1 f_0/\sum f_0$）

②用三个平均数计算三个指数：

可变组成指数$=\overline{x_1}/\overline{x_0}$

固定组成指数$=\overline{x_1}/\overrightarrow{x_0}'$

结构影响指数$=\overrightarrow{x_0}'/\overline{x_0}$

③三个指数的相互关系是：

相对数关系：$\frac{\overline{x_1}}{\overline{x_0}}=\frac{\overline{x_1}}{\overline{x_0}'}\times\frac{\overline{x_0}'}{\overline{x_0}}$

绝对数关系：$\overline{x_1}-\overline{x_0}=(\overline{x_1}-\overline{x_0}')+(\overline{x_0}'-\overline{x_0})$

若结合报告期的总体单位数来考察对总量变动的影响，则变为：

$(\overline{x_1}-x_0)\sum f_1=(\overline{x_1}-\overline{x_0}')\sum f_1+(\overline{x_0}'-\overline{x_0})\sum f_1$

五、习题与解答

1. 某地三种商品的价格和销售量资料如下表所示：

商品	计量单位	基期价格（p_0，元）	报告期价格（p_1，元）	报告期销售量（q_1）
甲	千克	8.0	9.2	2 850
乙	米	12.0	13.2	4 320
丙	件	40.0	38.0	1 040

试根据上表资料计算物价总指数和因价格变动而增减的销售额。

解：物价总指数为：

$$\frac{\sum p_1q_1}{\sum p_0q_1}=\frac{9.2\times2\ 850+13.2\times4\ 320+38\times1\ 040}{8\times2\ 850+12\times4\ 320+40\times1\ 040}=\frac{122\ 764}{116\ 240}=105.61\%$$

因价格变动而增减的销售额$=\sum p_1q_1-\sum p_0q_1$

$=122\ 764-116\ 240=6\ 524$（元）

2. 某厂生产情况如下表所示：

产品	基期产值（p_0q_0，万元）	报告期比基期产量增减（±）（%）
甲	280	+12.5
乙	320	+8.0
丙	675	-4.0
丁	225	-12.0
合计	1 500	

请根据上表资料计算该厂的产量总指数和因产量变动而增减的产值。

解：产量总指数为：

$$\frac{\sum kp_0q_0}{\sum p_0q_0}=\frac{1.125\times280+1.08\times320+0.96\times675+0.88\times225}{280+320+675+225}$$

$$=\frac{1\ 506.6}{1\ 500}=100.44\%$$

$$\text{因产量变动而增减的产值}=\sum kp_0q_0-\sum p_0q_0=1\ 506.6-1\ 500=6.6\text{（万元）}$$

3. 某地五种商品的销售情况如下表所示：

商品	计量单位	价格（元）		k_p	报告期销售额（p_1q_1，元）
		基期（p_0）	报告期（p_1）		
A	条	3.00	3.15	1.05	63 000
B	千克	7.20	7.92	1.10	39 600
C	双	15.00	16.80	1.12	42 000
D	件	24.50	26.46	1.08	13 230
E	米	13.80	12.42	0.90	43 470
合计					201 300

试根据上表资料计算物价总指数和因价格变动而增减的销售额。

解：依资料，需先计算个体指数，然后再用加权和平均法计算总指数。A、B、C、D、E 五种商品的个体价格指数（报告期价格/基期价格）依次为：105%、110%、112%、108%、90%。物价总指数：

$$\frac{\sum p_1q_1}{\sum\frac{1}{k}p_1q_1}=\frac{63\ 000+39\ 600+42\ 000+13\ 230+43\ 470}{\frac{63\ 000}{1.05}+\frac{39\ 600}{1.1}+\frac{42\ 000}{1.12}+\frac{13\ 230}{1.08}+\frac{43\ 470}{0.9}}$$

$$=\frac{201\ 300}{194\ 050}=103.74\%$$

$$\text{因价格变动而增减的销售额}=\sum p_1q_1-\sum\frac{1}{k}p_1q_1$$

$$=201\ 300-194\ 050=7\ 250\text{（元）}$$

4. 某地三种商品的销售情况如下表所示：

商品	计量单位	价格（元）		销售量	
		p_0	p_1	q_0	q_1
甲	件	10.0	11.0	12 500	15 000
乙	担	60.0	54.0	12 000	16 800
丙	个	2.0	2.3	6 000	5 700

试根据上表资料计算：

（1）销售量总指数及因销售量变动而增减的销售额；

（2）销售价格总指数及因销售价格变动而增减的销售额；

（3）销售额指数及销售额增减总额；

（4）从相对数和绝对数两方面验证销售量、销售价格和销售额三个指数的相互关系。

解：

（1）销售量总指数 $=\dfrac{\sum p_0q_1}{\sum p_0q_0}=\dfrac{1\ 169\ 400}{857\ 000}=136.45\%$

因销售量变动而增减的销售额 $=\sum p_0q_1-\sum p_0q_0$

$=1\ 169\ 400-857\ 000=312\ 400$（元）

（2）销售价格总指数 $=\dfrac{\sum p_1q_1}{\sum p_0q_1}=\dfrac{1\ 085\ 310}{1\ 169\ 400}=92.81\%$

因价格变动而增减的销售额 $=\sum p_1q_1-\sum p_0q_1$

$=1\ 085\ 310-1\ 169\ 400=-84\ 090$（元）

（3）销售额指数 $=\dfrac{\sum p_1q_1}{\sum p_0q_0}=\dfrac{1\ 085\ 310}{857\ 000}=126.64\%$

销售额增减总额 $=\sum p_1q_1-\sum p_0q_0$

$=1\ 085\ 310-857\ 000=228\ 310$（元）

（4）三个指数的关系：

①$136.45\%\times92.81\%=126.64\%$

②$312\ 400-84\ 090=228\ 310$（元）

5. 2016 年和 2015 年，某市消费品零售总额分别为1 851.36亿元和 1 371.02 亿元，该市零售物价 2016 年比 2015 年下降 1.2%。请据此计算：

（1）2016 年与 2015 年相比，该市因零售价格变动而增减的消费品零售额；

（2）2016 年与 2015 年相比，该市消费品零售量总指数及因零售量变动而增减的零售额；

(3) 从相对数和绝对数两方面验证零售价格、零售量和零售额三个指数的相互关系。

解：

(1) $\because \overline{k_p} = \sum p_1q_1 / \sum p_0q_1$

$\sum p_0q_1 = \sum p_1q_1 / \overline{k_p} = 1\ 851.36/0.988 = 1\ 873.85$（亿元）

$\therefore \sum p_1q_1 - \sum p_0q_1 = 1\ 851.36 - 1\ 873.85 = -22.49$（亿元）

(2) $\overline{k_p} = \sum p_0q_1 / \sum p_0q_0 = 1\ 873.85/1\ 371.02 = 136.68\%$

$\sum p_0q_1 - \sum p_0q_0 = 1\ 873.85 - 1\ 371.02 = 502.83$（亿元）

(3) 三个指数的关系：

①98.8%×136.68%=135.04%

②（-22.49）+502.83=480.34（亿元）

6. 某厂产值和职工人数资料如下表所示：

指标	总产值（万元）	职工总数（人）	
		合计	其中：生产工人数（人）
基期	1 920	1 000	800
报告期	2 851.2	1 200	1 080

根据上表资料：

(1) 就职工总数和全员劳动生产率对总产值变动的影响进行双因素的连环替代分析；

(2) 就职工总数、生产工人数占职工总数的比重（工人比重）和生产工人劳动生产率对总产值变动的影响进行多因素的连环替代分析。

解：

(1) 全员劳动生产率基期 1.920 万元，报告期 2.376 万元。

$$\frac{2\ 851.2}{1\ 920} = \frac{1\ 200 \times 2.376}{1\ 000 \times 1.920} = \frac{1\ 200 \times 1.920}{1\ 000 \times 1.920} \times \frac{1\ 200 \times 2.376}{1\ 200 \times 1.920}$$

$$= \frac{2\ 304}{1\ 920} \times \frac{2\ 851.2}{2\ 304}$$

$$= 120\% \times 123.75\% = 148.5\%$$

$$2\ 851.2 - 1\ 920 = (2\ 304 - 1\ 920) + (2\ 851.2 - 2\ 304)$$

$$= 384 + 547.2 = 931.2\text{（万元）}$$

计算结果表明，产值增长 48.5%，金额达 931.2 万元。其中，职工人数增长 20%，使产值增加 384 万元；全员劳动生产率提高 23.75%，使产值增加 547.2 万元。

(2) 工人比重：基期 80%，报告期 90%；工人劳动生产率：基期 2.40 万元，报告期2.64万元。

$$\frac{2\ 851.2}{1\ 920}=\frac{1\ 200\times0.9\times2.64}{1\ 000\times0.8\times2.40}$$

$$=\frac{1\ 200\times0.8\times2.40}{1\ 000\times0.8\times2.40}\times\frac{1\ 200\times0.9\times2.40}{1\ 200\times0.8\times2.40}\times\frac{1\ 200\times0.9\times2.64}{1\ 200\times0.9\times2.40}$$

$$=\frac{2\ 304}{1\ 920}\times\frac{2\ 592}{2\ 304}\times\frac{2\ 851.2}{2\ 592}$$

$$=120\%\times112.5\%\times110\%=148.5\%$$

$$2\ 851.2-1\ 920=(2\ 304-1\ 920)+(2\ 592-2\ 304)+(2\ 851.2-2\ 592)$$

$$=384+288+259.2$$

$$=931.2\text{（万元）}$$

计算结果表明，职工总数增长20%，使产值增长384万元；工人比重增长12.5%，使产值增长288万元；工人劳动生产率增长10%，使产值增长259.2万元；三因素共同影响，产值增长48.5%，金额达931.2万元。

7. 某公司上两年销售和库存情况如下表所示：

指标	报告期	基期
商品销售额（万元）	2 508	1 937.0
平均库存额（万元）	418	372.5

要求：

（1）根据上表资料，计算商品周转次数和商品周转次数指数；

（2）从相对数和绝对数两方面对商品周转次数变动的原因进行连环替代分析。

解：

（1）商品周转次数：

报告期：2 508/418 = 6.0（次）

基期：1 937/372.5 = 5.2（次）

假定：2 508/372.5 = 6.73（次）

（2）$\frac{6.0}{5.2}=\frac{2\ 508/372.5}{1\ 937/372.5}\times\frac{2\ 508/418}{2\ 508/372.5}=\frac{6.73}{5.20}\times\frac{6.00}{6.73}$

$$=129.42\%\times89.15\%=115.38\%$$

$$6.0-5.2=(6.73-5.20)+(6.00-6.73)$$

$$=1.53-0.73=0.8\text{（次）}$$

计算结果表明，因商品销售变动，使商品周转次数增加1.53次，速度加快29.42%；因商品库存变动，使商品周转次数减少0.73次，速度减慢10.85%；两因素共同影响，使周转次数增加0.8次，速度加快15.38%。

8. 某公司下属三个厂生产同一种产品的情况如下表所示：

工厂	单位产品成本（元）		产量（吨）	
	Z_0	Z_1	q_0	q_1
甲厂	1 030	985	4 850	5 100
乙厂	1 145	1 150	3 150	3 500
丙厂	1 210	1 130	1 850	2 200

根据上表资料：

（1）计算该产品单位成本的可变组成指数、固定组成指数和结构影响指数，并从相对数和绝对数两方面验证三个指数的相互关系；

（2）从相对数和绝对数两方面分析该产品成本总额变动中单位成本、总体结构和产品总量三个因素变动的影响。

解：

（1）先计算报告期、基期和假定的三个平均成本：

$\overline{z_1}=\sum z_1q_1/\sum q_1=11\ 534\ 500/10\ 800=1\ 068$（元）

$\overline{z_0}=\sum z_0q_0/\sum q_0=10\ 840\ 750/9\ 850=1\ 100.6$（元）

$\overline{z_0'}=\sum z_0q_1/\sum q_1=11\ 922\ 500/10\ 800=1\ 103.9$（元）

然后计算三个指数：

①可变组成指数 $=\overline{z_1}/\overline{z_0}=1\ 068/1\ 100.6=97.04\%$

$\overline{z_1}-\overline{z_0}=1\ 068-1\ 100.6=-32.6$（元）

②固定组成指数 $=\overline{z_1}/\overline{z_0'}=1\ 068/1\ 103.9=96.75\%$

$\overline{z_1}-\overline{z_0'}=1\ 068-1\ 103.9=-35.9$（元）

③结构影响指数 $=\overline{z_0'}/\overline{z_0}=1\ 103.9/1\ 100.6=100.30\%$

$\overline{z_0'}-\overline{z_0}=1\ 103.9/1\ 100.6=3.3$（元）

再算三个指数的关系：

①相对数关系：$97.04\%=96.75\%\times100.30\%$

②绝对数关系：-32.6（元）$=-35.9$（元）$+3.3$（元）

（2）$$\frac{\overline{z_1}\sum q_1}{\overline{z_0}\sum q_0}=\frac{\overline{z_1}\sum q_1}{\overline{z_0'}\sum q_1}\times\frac{\overline{z_0'}\sum q_1}{\overline{z_0}\sum q_1}\times\frac{\overline{z_0}\sum q_1}{\overline{z_0}\sum q_0}$$

成本总额指数 = 单位成本指数 × 结构影响指数 × 产品总量指数

∵ $\overline{z_1}=\sum z_1q_1/\sum q_1$

$\overline{z_0}=\sum z_0q_0/\sum q_0$

$\overline{z_0'}=\sum z_0q_1/\sum q_1$

∴ $\overline{z_1}\sum q_1=\sum z_1q_1=11\ 534\ 500$（元）

$\overline{z_0}\sum q_0=\sum z_0q_0=10\,840\,750$（元）

$\overline{z_0}'\sum q_1=\sum z_0q_1=11\,922\,500$（元）

$\overline{z_0}\sum q_1=1\,100.6\times10\,800=11\,886\,480$（元）

将资料代入上式得：

$$\frac{11\,534\,500}{10\,840\,750}=\frac{11\,534\,500}{11\,922\,500}\times\frac{11\,922\,500}{11\,886\,480}\times\frac{11\,886\,480}{10\,840\,750}$$

$$106.40\%=96.75\%\times100.30\%\times109.65\%$$

$$\overline{z_1}\sum q_1-\overline{z_0}\sum q_0=(\overline{z_1}\sum q_1-\overline{z_0}'\sum q_1)+(\overline{z_0}'\sum q_1-\overline{z_0}\sum q_1)+(\overline{z_0}\sum q_1-\overline{z_0}\sum q_0)$$

$$11\,534\,500-10\,840\,750=(11\,534\,500-11\,922\,500)+(11\,922\,500-11\,886\,480)+(11\,886\,480-10\,840\,750)$$

693 750（元）= -388 000（元）+36 020（元）+1 045 730（元）

计算结果表明，成本总额增长6.4%，总成本增加693 750元。其中，因各厂单位成本平均降低3.25%，使成本总额减少388 000元；因总体结构变动使总平均成本增长0.3%，使总成本增加36 020元；因产量增长9.65%，使总成本增加1 045 730元。

六、综合自测题

（一）判断题

1. 狭义指数是指反映社会经济现象变动与差异程度的相对数。（　　）

2. 广义上说，任何两个不同时间的同类指标的对比都可称为指数。（　　）

3. 从理论上讲，任何一个综合指数形式均可变形为相应的加权算术平均指数和加权调和平均指数形式。（　　）

4. 在平均指标变动因素分析中，可变构成指数是专门用以反映总体构成变化影响的指数。（　　）

5. 平均指标指数是综合指数的一种变形。（　　）

6. 一般说来，质量指标指数是以数量指标为同度量因素的。（　　）

7. 在由三个指数构成的指数体系中，两个因素的指数的同度量因素指标是不同时期的。（　　）

（二）单项选择题

1. 综合指数实质上是一种（　　）。

①简单指数　　②加权指数　　③个体指数　　④平均指数

2. 用综合指数公式计算总指数的主要问题是（　　）。

①同度量因素的选择

②同度量因素时期的确定

③同度量因素的选择和时期的确定

④个体指数和权数的选择

3. 平均指标指数中的平均指标通常指(　　)。

①简单算术平均数　　②简单调和平均数

③加权算术平均数　　④加权调和平均数

4. 在掌握各种商品的个体价格指数和报告期销售额资料的条件下，计算价格指数应采用(　　)。

①综合指数　　②平均指标指数

③加权算术平均指数　　④加权调和平均指数

5. 如果产值增长 50%，职工人数增长 20%，则全员劳动生产率将增长(　　)。

①25%　　②30%　　③70%　　④150%

6. 某商店在商品价格不变的条件下，报告期销售量比基期增长 10%，则报告期商品销售额比基期增长(　　)。

①1%　　②3%　　③5%　　④10%

7. 某商店报告期与基期相比，商品销售额增长 5%，商品销售量增长 5%，则商品价格(　　)。

①增长 10%　　②增长 5%　　③增长 1%　　④不增不减

8. 单位产品成本报告期比基期下降 5%，产量增长 5%，则生产总费用(　　)。

①增加　　②减少　　③没有变化　　④无法判断

9. 本年与上年相比，若同样多的人民币少购买商品 8%，则本年物价上涨(　　)。

①8.0%　　②8.7%　　③9.2%　　④12.0%

10. 本年与上年相比，若物价上涨 15%，则本年的 1 元(　　)。

①只值上年的 0.85 元　　②只值上年的 0.87 元

③与上年的 1 元钱等值　　④无法与上年比较

（三）多项选择题

1. 指数的作用是(　　)。

①反映事物在不同时间变动的方向和程度

②反映同一事物在不同空间的差异程度

③反映相关事物之间的比例关系

④分析多因素总体变动中各因素的影响程度

⑤反映事物的一般水平

2. 在下列选项中，作为综合指数变形的平均指数是(　　)。

①简单算术平均指数　　②加权算术平均指数

③简单调和平均指数　　④加权调和平均指数

⑤两期平均数相比较的平均指标指数

3. 按确定统计指数同度量因素的一般原则，加权算术平均指数的应用条件是(　　)。

①掌握了个体指数

②掌握了综合指数的分子资料

③掌握了综合指数的分母资料

④一般用于计算数量指标指数

⑤一般用于计算质量指标指数

4. 按确定统计指数同度量因素的一般原则，加权调和平均指数的应用条件是(　　)。

①掌握了个体指数

②掌握了综合指数的分子资料

③掌握了综合指数的分母资料

④一般用于计算数量指标指数

⑤一般用于计算质量指标指数

5. 按数量指数→质量指标的顺序排列，若指标 E 由 A、B、C、D 四个因素指标的积构成，则反映因素 C 变动影响的两个总量应当是(　　)。

①$A_0B_0C_0D_0$　　②$A_1B_0C_0D_0$

③$A_1B_1C_0D_0$　　④$A_1B_1C_1D_0$

⑤$A_1B_1C_1D_1$

(四) 填空题

1. 指数按其编制方法及计算公式表现形式不同，可以分为综合指数、________和________。

2. 同度量因素是将特殊总体中不同度量的事物转化为同度量事物的媒介因素，又称为________。

3. 综合指数与平均指数既有区别又有联系，两者的联系在于，在一定________条件下，两类指数间存在着变形关系。

4. 当已掌握了个体指数和综合指数的分子资料时，可将综合指数变为________平均指数。

5. 用综合法编制的指数，都由两个因素构成：一个是________因素；另一个是________因素。

6. 平均指数是________指数的平均数。

7. 在经济上有联系，在数量上保持一定关系的三个或三个以上的指数称为指数体系，它是指数________分析法的基本根据。

8. 指数体系中同度量因素的选择，首要的标准是________意义上的合理，其次才是________上等式关系的成立。

(五) 简答题

1. 什么是综合指数?

2. 有人认为，编制综合指数，把一个因素固定下来测定另一个因素的变动影响程度是有假定性的。这个说法对吗？为什么？

3. 什么是同度量因素？确定同度量因素的一般原则是什么？

4. 什么叫因素分析法？它有何作用？

5. 什么叫指数体系？它有何作用？

（六）计算题

1. 某市基期社会商品零售额为9 560万元，报告期为12 850万元，零售物价上涨10.5%。试计算该市社会商品零售额指数、零售价格指数和零售量指数，以及由于零售物价上涨居民多支出的金额。

2. 某企业基期产值为1 400万元，报告期上升为1 470万元（均按现价计算），同期出厂价格指数为102%，工人平均劳动生产率由16 000元增加到16 480元。试确定：

（1）产品产量指数；

（2）劳动生产率指数；

（3）工人人数指数。

3. 某工厂生产费用报告期为152万元，比基期多22万元，单位产品成本比基期降低3%。试计算该厂：

（1）生产费用指数；

（2）产品物量指数；

（3）由于单位成本降低而节约的费用额。

4. 据调查，某市甲、乙、丙、丁四种代表商品的个体价格变动情况为：甲、乙商品价格分别上涨12%和8%，丙商品价格保持基期水平，丁商品价格下降5%；现又知这四种代表商品的固定权数分别为20%、30%、10%和40%。试求这四种代表商品价格的平均涨跌幅度。

5. 已知熟练工人的平均工资和非熟练工人的平均工资报告期比基期均提高10%，但报告期两类工人的总平均工资却下降7.5%。请查明其原因，并列式计算其影响总平均工资增减的百分数。

6. 某厂新老工人的月平均工资和人数资料如下表所示：

工人组别	基期			报告期		
	工资水平（元）	工人数（人）	工资总额（元）	工资水平（元）	工人数（人）	工资总额（元）
老工人	3 000	70	210 000	3 300	65	214 500
新工人	2 000	30	60 000	2 200	135	297 000
合计	2 700	100	270 000	2 557.5	200	511 500

根据上述资料计算并回答：

（1）为什么报告期新老工人平均工资都有大幅度增加，而全部工人的总平均工资却在下降？

（2）如何从相对数和绝对数这两个方面正确反映工人月平均工资的增减变动情况？

下编　Excel 数据统计分析

Excel 中的统计分析工具在菜单和标签栏中并不是自动安装的，需用户加载，下面给出 Excel 2016 中统计分析工具的加载过程：

（1）点击“文件”菜单并选择“选项”按钮，进入以下界面：

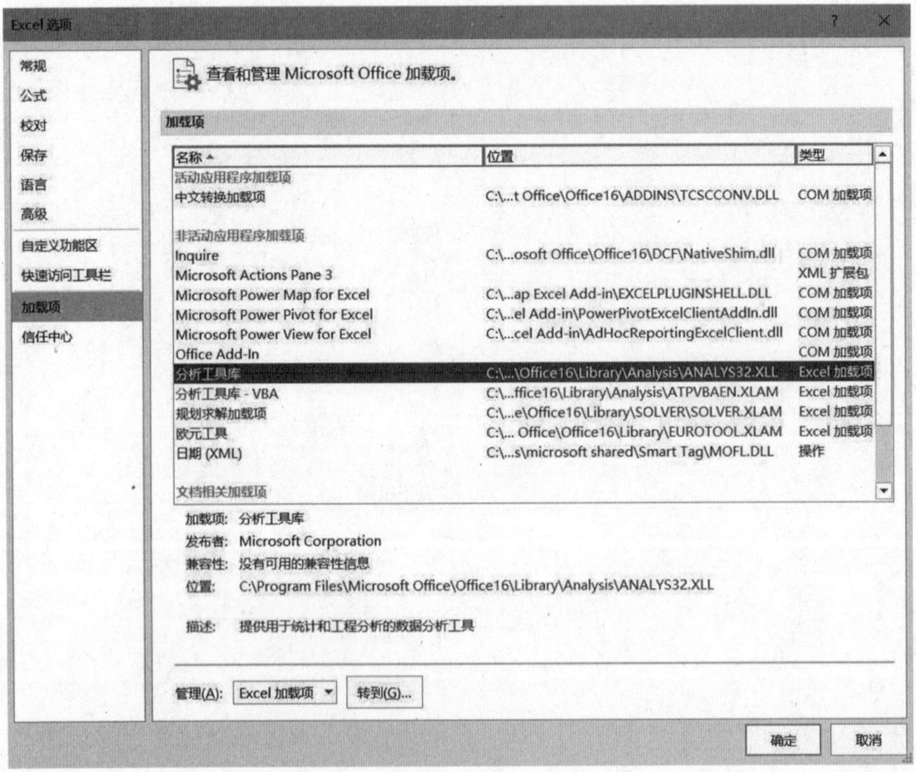

（2）点击“加载项”菜单并选择“分析工具库”，然后点击“转到”按钮进入加载宏界面：

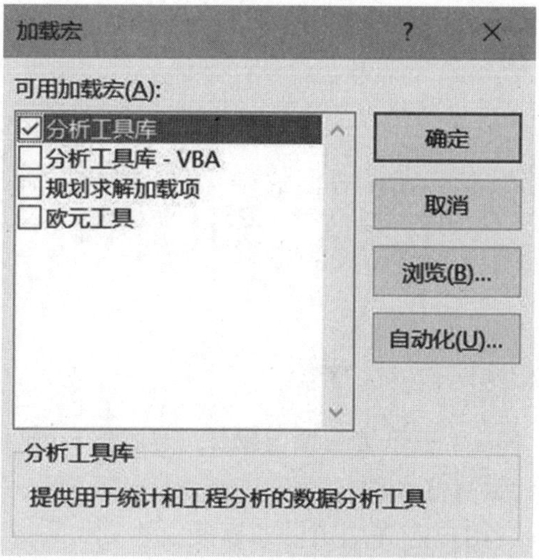

（3）点击可用加载宏的“分析工具库”选择框，点击“确定”按钮，这样将在数据标签栏中出现数据分析菜单。

（4）点击“数据分析”菜单就可进行数据统计分析了。

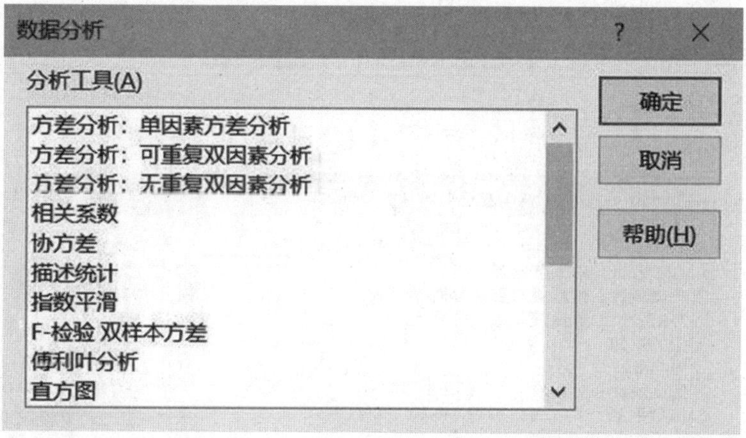

第三章　统计整理

3.1　计量数据的频数表与直方图

例3.1（3－2）（3－2表示第三章习题2，下同）

3.1.1　指定接收区域直方图

在应用此工具前，用户应先决定分布区间。否则，Excel将用一个大约等于数据集中某数值的平方根作区间，在数据集的最大值与最小值之间用等宽间隔。如果用户自己定义区间，可用2、5或10的倍数，这样易于分析。

对于工资数据，最小值是1 000，最大值是2 980。一个紧凑的直方图可从区间1 000开始，区间宽度用100，最后一区间为3 000结束，需要21个区间。这里所用的方法在两端加了一个空区间，在低端是区间“1 000或小于1 000”，高端是区间“大于3 000”。

利用下面这些步骤可得到频数分布和直方图：

（1）为了方便，将原始数据拷贝到新工作表“指定频数直方图”中。

（2）在B1单元中输入“组距”作为一标记，在B2单元中输入1 000，B3单元中输入1 100，选取B2：B3，向下拖动所选区域右下角的＋到B22单元。

（3）按下列步骤使用“直方图”分析工具：

①选择数据菜单之数据分析选项，在分析工具下拉列表中选择“直方图”。如下图所示。

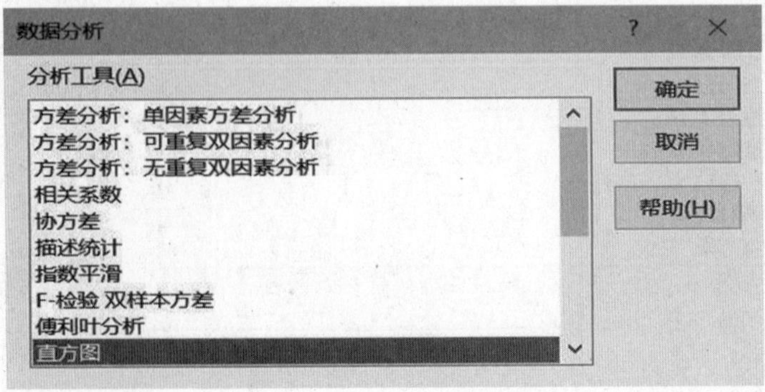

图3－1　数据分析工具

a. 输入。

输入区域：A1：A51

接收区域：B1：B22（这些区间断点或界限必须按升序排列）

选择标志

b. 输出选项。

输出区域：C1

选定图表输出

②单击确定，Excel 将计算出结果显示在输出区域中。

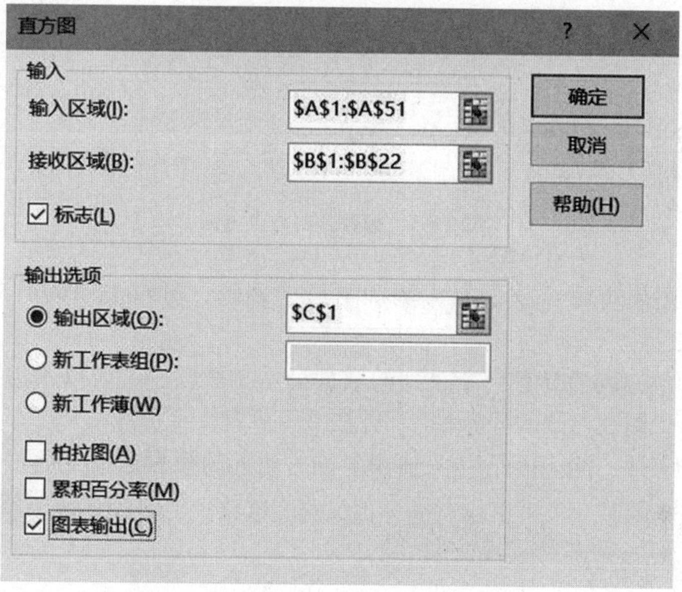

图 3－2　数据分析工具之直方图对话框

Excel 将把频数分布和直方图放在工作表中，如图 3－3 所示，输出表的 C 列和 D 列中包括开始指定的界限。这些界限实际上是每一区间的上限，也就是说，界限实际上是边界。

	A	B	C	D
1	工资	组距	组距	频率
2	1465	1000	1000	1
3	1760	1100	1100	0
4	1985	1200	1200	2
5	2270	1300	1300	3
6	2980	1400	1400	2
7	1375	1500	1500	2
8	1735	1600	1600	3
9	1940	1700	1700	3
10	2220	1800	1800	4
11	2670	1900	1900	6
12	1405	2000	2000	4
13	1755	2100	2100	5
14	1965	2200	2200	2
15	2240	2300	2300	4
16	2820	2400	2400	2
17	1295	2500	2500	1
18	1645	2600	2600	3
19	1880	2700	2700	1
20	2110	2800	2800	0
21	2550	2900	2900	1
22	1355	3000	3000	1
23	1710		其他	0

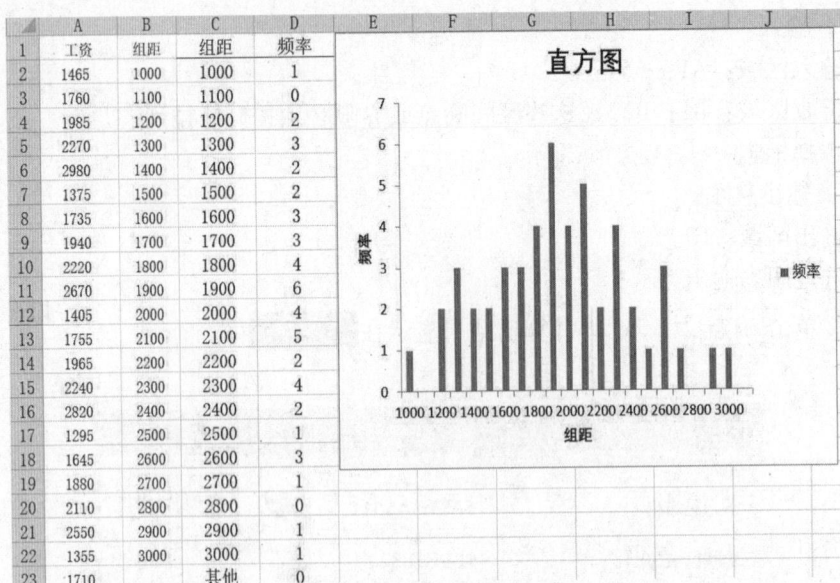

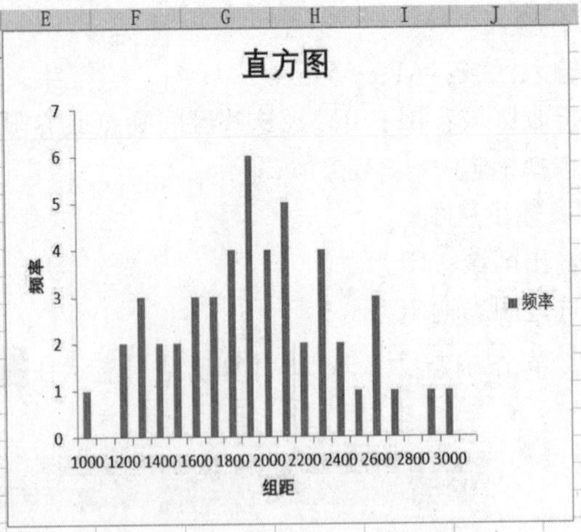

图 3－3　频数分布与直方图

为了使图表更像传统的直方图和更易于理解，可双击图表并对它做如下修改：

（1）图例：因为只有一个系列的数据显示在图表中，所以不需要图例。单击图例（位于图表右侧的“频率”）并按 Delete 键。

（2）图表区：绘图区是以 *X* 轴和 *Y* 轴为边界的矩形区域。通过在柱形上面单击可选取绘图区，单击鼠标右键并选择绘图区格式，将边框改为无并将区域改为无，单击确定。

（3）条宽：在传统的直方图中，柱形是彼此相连接而不是分开的。选择某个柱形，单击鼠标右键，选择数据系列格式，并单击选择标签，将间距宽度从 150% 改为 0%，单击确定。

（4）*X* 轴标志：选取 *X* 轴，单击鼠标右键，选择坐标轴格式，单击对齐标签，将方向从自动改为水平文本，在这种设置下，即使图表已重置尺寸，*X* 轴标记也会变为水平的，单击确定。

修改后的直方图如图 3－4 所示。

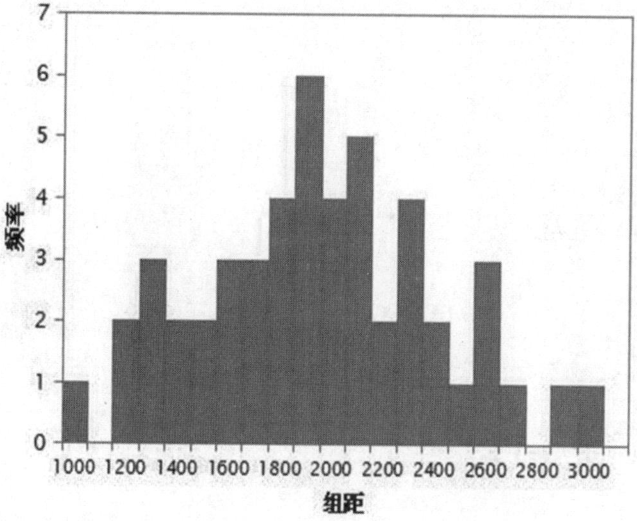

图3-4　修改后的直方图

3.1.2　不指定接收区域直方图

在进行探索性分析时，为了方便，通常不指定接收区域作直方图，步骤如下：

（1）选择数据菜单之数据分析选项，在分析工具下拉列表中选择“直方图”。如图3-1所示。

①输入。

输入区域：A1：A51

接收区域：（该处为空）

选择标志

②输出选项。

输出区域：B1

选定图表输出

（2）单击确定，得出结果。

（3）按前面方法对直方图进行进一步修改，即得图3-5。

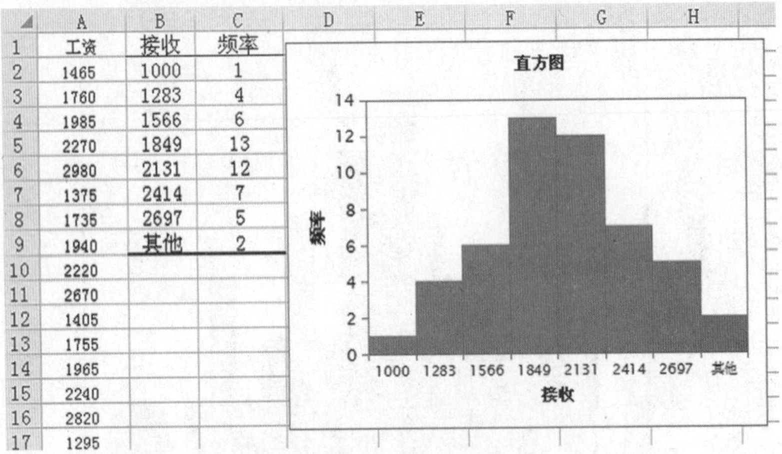

	A	B	C
1	工资	接收	频率
2	1465	1000	1
3	1760	1283	4
4	1985	1566	6
5	2270	1849	13
6	2980	2131	12
7	1375	2414	7
8	1735	2697	5
9	1940	其他	2
10	2220		
11	2670		
12	1405		
13	1755		
14	1965		
15	2240		
16	2820		
17	1295		

图3-5　进一步修改后的直方图

3.2　计数数据的透视表与透视图

例3.2（3-3）

数据见图3-6。

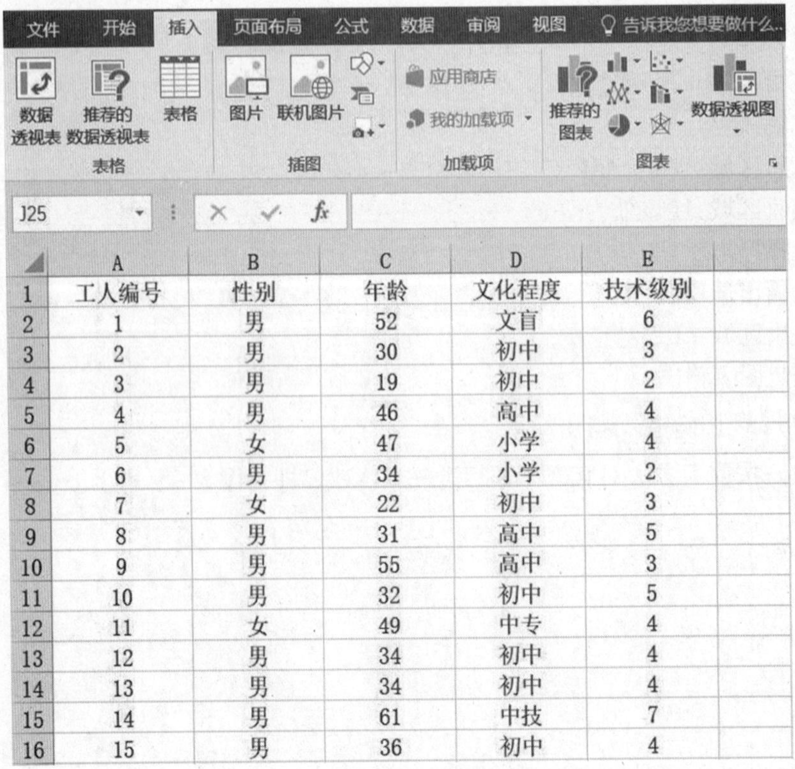

	A	B	C	D	E
1	工人编号	性别	年龄	文化程度	技术级别
2	1	男	52	文盲	6
3	2	男	30	初中	3
4	3	男	19	初中	2
5	4	男	46	高中	4
6	5	女	47	小学	4
7	6	男	34	小学	2
8	7	女	22	初中	3
9	8	男	31	高中	5
10	9	男	55	高中	3
11	10	男	32	初中	5
12	11	女	49	中专	4
13	12	男	34	初中	4
14	13	男	34	初中	4
15	14	男	61	中技	7
16	15	男	36	初中	4

图3-6　数据图

步骤如下：

(1) 选择[插入]菜单之[数据透视表]选项，如图3－7所示。

图3－7

(2) 选择数据源区域。

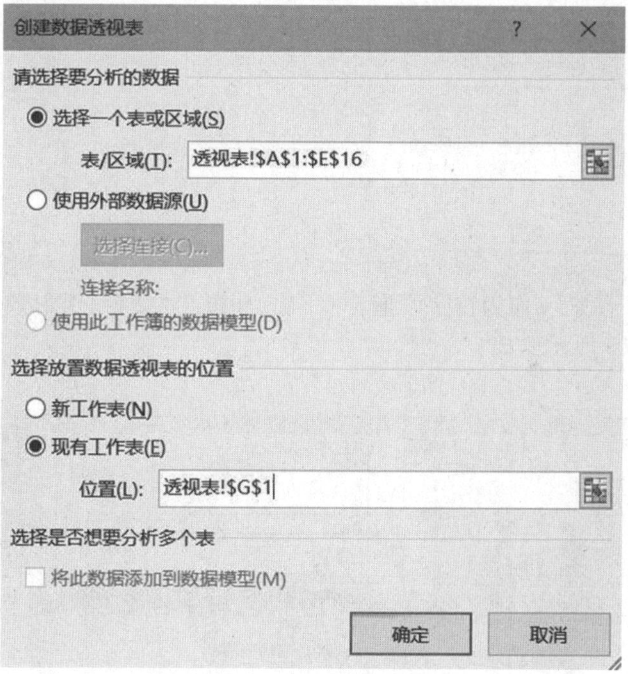

图3－8

（3）选定数据透视表位置。

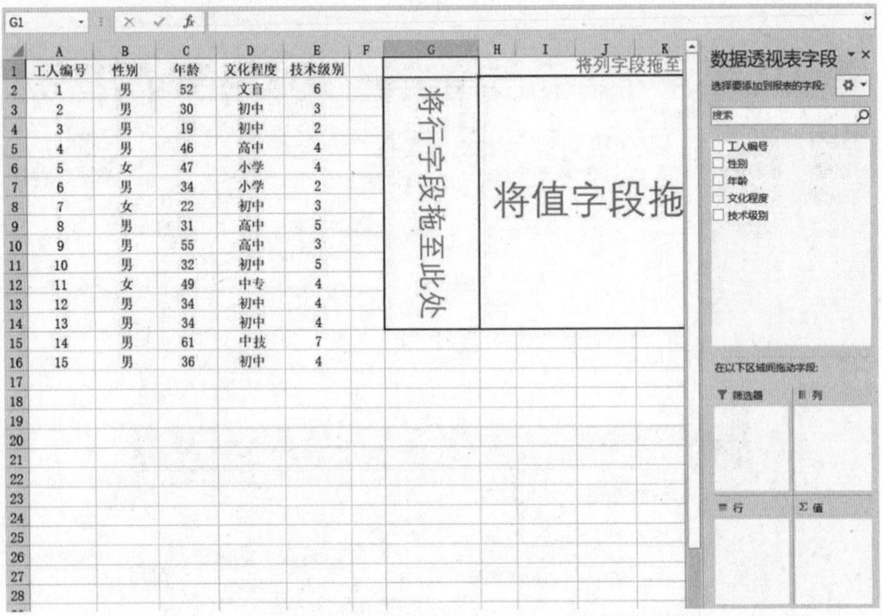

图 3－9

（4）将“性别”作为行字段拖至 G 列，并将“性别”作为数据拖至数据项处，得图 3－10 所示结果：

图 3－10

同样可得“文化程度”的透视表。

图 3－11

此时如点击图形按钮，立即得到如图 3－12 所示的透视图。

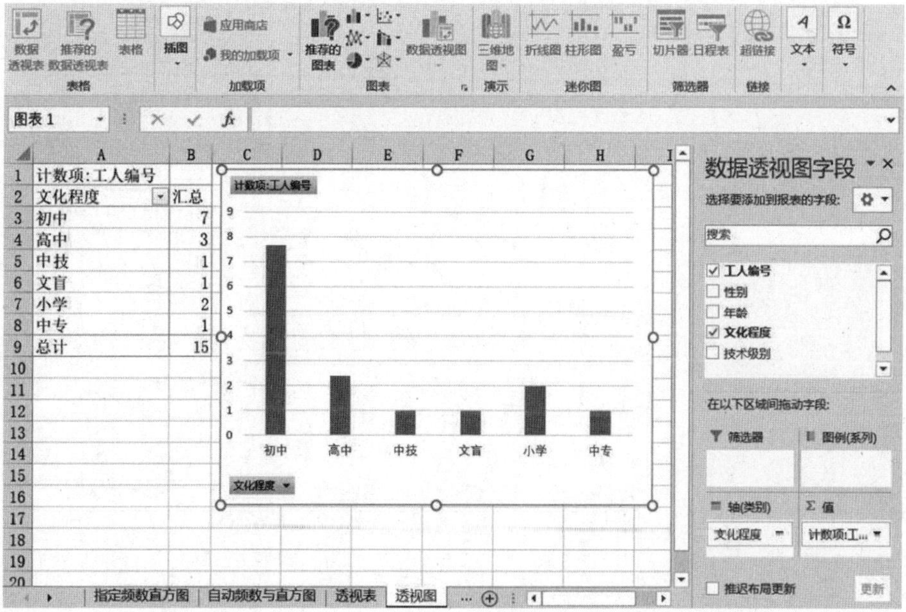

图 3－12

（5）将“性别”作为行字段拖至行字段处，并将“文化程度”作为列字段拖至列字段处，将“性别”或“文化程度”作为列字段拖至数据字段处得图

3－13所示结果：

计数项:工人编号	文化程度						
性别	初中	高中	中技	文盲	小学	中专	总计
男	6	3	1	1	1		12
女	1				1	1	3
总计	7	3	1	1	2	1	15

图 3－13

第四章 总量指标和相对指标

例4.1 (4-3)

	A	B	C	D	E	F
1	工厂	2015年实际产量	2016年产量		计划完成%	2016年实际产量为2015年的%
2			计划产量	实际产量		
3	甲	1950	2000	2200	110	112.82
4	乙	2020	2204	1998	90.65	98.91
5	丙	2950	3010	3035	100.83	102.88

计算步骤：

(1) 计算各厂计划完成百分数：E3 = D3/C3 * 100，…

(2) 计算2016年实际产量为2015年的百分数：F3 = D3/B3 * 100，…

第五章　平均指标与变异度指标

5.1　简单平均数

例 5.1

某组有学生 10 人，统计课考试成绩分别为 65，82，76，80，82，86，84，88，95，98 分，试求其平均指标。

平均数的计算步骤如下：

（1）将数据输入 A 列，根据 Excel 提供的公式计算各种平均数。

	A	B	C
1	65		
2	82	算术平均数	=AVERAGE(A1:A10)
3	76	调和平均数	=HARMEAN(A1:A10)
4	80	几何平均数	=GEOMEAN(A1:A10)
5	82	众　数	=MODE(A1:A10)
6	86	中位数	=MEDIAN(A1:A10)
7	84		
8	88		
9	95		
10	98		

图 5－1

（2）用 Ctrl + 、可切换到下面的结果：

	A	B	C
1	65		
2	82	算术平均数	84
3	76	调和平均数	82.60
4	80	几何平均数	83.11
5	82	众　数	82
6	86	中位数	83
7	84		
8	88		
9	95		
10	98		

图 5－2

5.2 加权平均数

例 5.2 (5-1)

原始数据见下图 A~D 列，其中 A、B 列分别为日产量的下限和上限。

	A	B	C	D	E	F	G
1	日产量（千克）		工人数 f		组中值	总产量 xf	
2	L - U		4月份 f1	5月份 f2	x	4月份 xf1	5月份 xf2
3	10	20	20	10	15	300	150
4	20	30	35	20	25	875	500
5	30	40	30	25	35	1050	875
6	40	50	10	30	45	450	1350
7	50	60	5	15	55	275	825
8	合 计		100	100	175	2950	3700
9					均数	29.5	37
10					众数	27.5	42.5
11					中位数	28.57	38.00

图 5-3

平均数的计算步骤如下：

（1）计算日产量的组中值：E3 =（A3 + B3）/2，…

（2）计算每个组段的总产量：F3 = C3 * E3，G3 = D3 * E3，…

（3）计算每月的总产量：F8 = SUM（F3：F7），G8 = SUM（G3：G7）

（4）计算平均数公式如下：

平均数	F9 = F8/C8	G9 = G8/D8
众数	F10 = A4 +（C4 - C3）/（C4 - C3 + C4 - C5）* 10	G10 = A6 +（D6 - D5）/（D6 - D5 + D6 - D7）* 10
中位数	F11 = A4 +（C8/2 - A4）/C4 * 10	G11 = A5 +（D8/2 - C5）/D5 * 10

5.3 简单变异度指标

例 5.3 (5-4)

变异度指标的计算步骤如下：

（1）将甲、乙两组数据输入 A、B 列，根据 Excel 提供的公式计算各种变异度指标。

	A	B	C	D	E	F
1	甲组	乙组			甲组	乙组
2	20	67		全 距	100	6
3	40	68		平均差	30.00	2.00
4	60	69		标准差	34.16	2.16
5	80	71				
6	100	72				
7	120	73				

图5－4

（2）用Ctrl＋、可切换到下面的公式：

	A	B	C	D	E	F
1	甲组	乙组			甲组	乙组
2	20	67		全 距	=MAX(A2:A7)-MIN(A2:A7)	=MAX(B2:B7)-MIN(B2:B7)
3	40	68		平均差	=AVEDEV(A2:A7)	=AVEDEV(B2:B7)
4	60	69		标准差	=STDEVP(A2:A7)	=STDEVP(B2:B7)
5	80	71				
6	100	72				
7	120	73				

图5－5

5.4 加权变异度指标

例5.4（5－5）

甲品种的原始数据见图5－6 B～C列，乙品种的原始数据见图5－6 G～H列，下面以甲品种的数据计算为例：

（1）计算单产值：D4＝C4/B4，…

（2）计算单产均值：D9＝C9/B9

（3）计算次数X离差平方：E4＝B4＊（D4－$ D $ 9）^2，… 并求和：E9＝SUM（E4：E8）

（4）计算标准差：D11＝SQRT（E9/B9）＝68.91

（5）计算变异系数：D12＝D11/D9＊100＝6.9%

同理可得乙品种的标准差为162.71，变异系数为16.30%。

	A	B	C	D	E	F	G	H	I	J
1	甲品种					乙品种				
2		田块面积	产量	单产			田块面积	产量	单产	
3	编号	f	xf	x	f(x-mx)^2	编号	f	xf	x	f(x-mx)^2
4	1	1.2	1200	1000	1.2	1	1.5	1680	1120	21961.5
5	2	1.1	1045	950	2641.1	2	1.3	1300	1000	1.3
6	3	1	1100	1100	10201	3	1.3	1170	900	12741.3
7	4	0.9	810	900	8820.9	4	1	1208	1208	43681
8	5	0.8	840	1050	2080.8	5	0.9	630	700	80460.9
9	合计	5	4995	999	23745	合计	6	5988	998	158846
10				均值 mx					均值 mx	
11			标准差	68.91				标准差	162.71	
12			变异系数%	6.90				变异系数%	16.30	

图5－6

第六章　概率与概率分布

例6.1（6－5）期望

	A	B	C	D	E	F
1	X	10000	1000	100	10	1
2	P	0.00001	0.0001	0.001	0.01	0.1
3						
4	E(x)=	0.5				

图6－1

求E（X）的公式B4＝SUM（（B1：F1）＊（B2：F2）），由于此处用到数组乘积求和，所以要得到结果，需用Ctrl＋Shift＋Enter组合键。

例6.2（6－6）二项分布

计算公式：

P（5＜＝X＜＝10）＝P（X＜＝10）－P（X＜5）＝P（X＜＝10）－P（X＜＝4）

P（X＞＝9）＝1－P（X＜9）＝1－P（X＜＝8）

Excel计算结果：

	A	B	C	D
1	n	15		
2	p	0.25	Ex	3.75
3	P(X<=10)	0.9999		
4	P(X<5)	0.6865	P(5<=x<=10)	0.3134
5	P(X<8)	0.9958	P(5<=x<=10)	0.0042

图6－2

Excel 计算公式：

	A	B	C	D
1	n	15		
2	p	0.25	Ex	=B1*B2
3	P(X<=10)	=BINOMDIST(10, B1, B2, 1)		
4	P(X<5)	=BINOMDIST(4, B1, B2, 1)	P(5<=x<=10)	=B3-B4
5	P(X<8)	=BINOMDIST(8, B1, B2, 1)	P(5<=x<=10)	=1-B5

图 6－3

（Ctrl +、互换）

例 6.3（6－7）泊松分布

计算公式：

$P(X>=5)=1-P(X<=4)$

Excel 计算结果：

	A	B	C	D
1	n	100		
2	p	0.02		
3	lamda	2		
4	P(X=4)	0.0902		
5	P(X<=4)	0.9473	P(x>=5)	0.0527

图 6－4

Excel 计算公式：

	A	B	C	D
1	n	100		
2	p	0.02		
3	lamda	=B1*B2		
4	P(X=4)	=POISSON(4, B3, 0)		
5	P(X<=4)	=POISSON(4, B3, 1)	P(x>=5)	=1-B5

图 6－5

（Ctrl +、互换）

例 6.4（6－9）超几何分布

D2 =HYPGEOMDIST(C2,B$2,B$3,B$1)

	A	B	C	D	E	F
1	N	60	x	P(X=x)		
2	M	5	0	0.6370		
3	n	5	1	0.3122		
4			2	0.0480		
5			3	0.0027		
6			4	0.0001		
7			5	0.0000		
8						

图 6－6

例 6.5（6－11）正态分布

D2 =NORMDIST(B4,B2,B3,1)

	A	B	C	D	E	F
1	正态分布		概率			
2	均值	10	P(X<=9)	0.3085	P(x>9)	0.6915
3	标准差	2	P(X<=11)	0.6915		
4	取值	9	P(9<=X<=11)	0.3830		
5		11				

图 6－7

其中 F2 = 1 － D2，D4 = D3 － D2。

第七章 抽样与参数估计

7.1 不考虑顺序的不重复抽样样本分布及计算表

例7.1 (7－1)

	A	B	C	D	E
1–2	$\bar{x}_i$	频数ni	相对频数（%）	$\bar{x}_i n_i$	$[\bar{x}_i - E(\bar{x})]^2 n_i$
3	7	1	10	7	9
4	8	1	10	8	4
5	9	2	20	18	2
6	10	2	20	20	0
7	11	2	20	22	2
8	12	1	10	12	4
9	13	1	10	13	9
10	合计	10	100	100	30
11			E(x)	10	
12			$\sigma_{\bar{x}}^2$	3	

图7－1

（Ctrl＋、互换）

	A	B	C	D	E
1–2	$\bar{x}_i$	频数ni	相对频数（%）	$\bar{x}_i n_i$	$[\bar{x}_i - E(\bar{x})]^2 n_i$
3	7	1	=B3/$B$10*100	=A3*B3	9
4	8	1	=B4/$B$10*100	=A4*B4	4
5	9	2	=B5/$B$10*100	=A5*B5	2
6	10	2	=B6/$B$10*100	=A6*B6	0
7	11	2	=B7/$B$10*100	=A7*B7	2
8	12	1	=B8/$B$10*100	=A8*B8	4
9	13	1	=B9/$B$10*100	=A9*B9	9
10	合计	=SUM(B3:B9)	=SUM(C3:C9)	=SUM(D3:D9)	=SUM(E3:E9)
11			E(x)	=D10/B10	
12			σ^2	=E10/B10	

图7－2

7.2 总体 X 分布及计算表

例 7.2（7－1）

	A	B	C
1	总体序号	x_i	$(x_i-\mu)^2$
2	1	6	16
3	2	8	4
4	3	10	0
5	4	12	4
6	5	14	16
7	合计	50	40
8	总体均值	10	
9	总体方差	8	
10	样本方差	3	

图 7－3

（Ctrl＋、互换）

	A	B	C
1	总体序号	x_i	$(x_i-\mu)^2$
2	1	6	=(B2-$B$8)^2
3	2	8	=(B3-$B$8)^2
4	3	10	=(B4-$B$8)^2
5	4	12	=(B5-$B$8)^2
6	5	14	=(B6-$B$8)^2
7	合计	=SUM(B2:B6)	=SUM(C2:C6)
8	总体均值	=B7/5	
9	总体方差	=C7/5	
10	样本方差	=B9/2*(5-2)/(5-1)	

图 7－4

7.3 抽样总体灯管的平均耐用时间计算

例 7.3 (7－7)

	A	B	C	D	E	F
1	耐用时间(小时)		灯管数(支) f	组中值	xf	$(x-\bar{x})^2 f$
2	下限	上限		x		
3	700	800	10	=(A3+B3)/2	=D3*C3	=(D3-$E$9)^2*C3
4	800	900	15	=(A4+B4)/2	=D4*C4	=(D4-$E$9)^2*C4
5	900	1000	35	=(A5+B5)/2	=D5*C5	=(D5-$E$9)^2*C5
6	1000	1100	25	=(A6+B6)/2	=D6*C6	=(D6-$E$9)^2*C6
7	1100	1200	15	=(A7+B7)/2	=D7*C7	=(D7-$E$9)^2*C7
8			=SUM(C3:C7)	—	=SUM(E3:E7)	=SUM(F3:F7)
9				$\bar{x}$	=E8/C8	=F8/C8

图 7－5

(Ctrl＋、互换)

	A	B	C	D	E	F
1	耐用时间(小时)		灯管数(支) f	组中值	xf	$(x-\bar{x})^2 f$
2	下限	上限		x		
3	700	800	10	=(A3+B3)/2	=D3*C3	=(D3-$E$9)^2*C3
4	800	900	15	=(A4+B4)/2	=D4*C4	=(D4-$E$9)^2*C4
5	900	1000	35	=(A5+B5)/2	=D5*C5	=(D5-$E$9)^2*C5
6	1000	1100	25	=(A6+B6)/2	=D6*C6	=(D6-$E$9)^2*C6
7	1100	1200	15	=(A7+B7)/2	=D7*C7	=(D7-$E$9)^2*C7
8			=SUM(C3:C7)	—	=SUM(E3:E7)	=SUM(F3:F7)
9				$\bar{x}$	=E8/C8	=F8/C8

图 7－6

7.4 农作物总产量的区间范围推算

例 7.4（7－10）

	A	B	C	D	E	F	G
1	平 原		丘 陵		山 区		
2	样本村	当年产量(吨)	样本村	当年产量(吨)	样本村	当年产量(吨)	
3	1	210	1	180	1	150	
4	2	160	2	180	2	200	
5	3	75	3	95	3	125	
6	4	280	4	125	4	60	
7	5	300	5	155	5	110	
8	6	190			6	100	
9					7	180	
10					8	75	
11					9	90	
12	例数 n_i	=COUNT(B2:B8)		=COUNT(D2:D7)		=COUNT(F2:F11)	=SUM(B12:F12)
13	均值 $\bar{x}_i$	=AVERAGE(B2:B8)		=AVERAGE(D2:D7)		=AVERAGE(F2:F1	
14	$\bar{x}_i n_i$	=B12*B13		=D12*D13		=F12*F13	=SUM(B14:F14)
15	方差 s_i^2	=_xlfn. VAR. S(B2		=_xlfn. VAR. S(D2		=_xlfn. VAR. S(F	
16	$s_i^2 n_i$	=B15*B12		=D15*D12		=F15*F12	=SUM(B16:F16)
17						$\bar{x}$	=G14/G12
18						$\bar{s}^2$	=G16/G12
19						$\sigma_{\bar{x}}$	=SQRT(G18/G12*(1-G12/400)
20						$\Delta_{\bar{x}}$	=2*G19
21						区间估计	=($G$17-$G$20)*400
22							=($G$17+$G$20)*400

图 7－7

（Ctrl＋、互换）

	A	B	C	D	E	F	G
1	平 原		丘 陵		山 区		
2	样本村	当年产量(吨)	样本村	当年产量(吨)	样本村	当年产量(吨)	
3	1	210	1	180	1	150	
4	2	160	2	180	2	200	
5	3	75	3	95	3	125	
6	4	280	4	125	4	60	
7	5	300	5	155	5	110	
8	6	190			6	100	
9					7	180	
10					8	75	
11					9	90	
12	例数 n_i	6		5		9	20
13	均值 $\bar{x}_i$	202.5		147		121.11	
14	$\bar{x}_i n_i$	1215		735		1090	3040
15	方差 s_i^2	6757.5		1357.5		2242.36	
16	$s_i^2 n_i$	40545		6787.5		20181.25	67513.75
17						$\bar{x}$	152
18						$\bar{s}^2$	3375.688
19						$\sigma_{\bar{x}}$	12.6627
20						$\Delta_{\bar{x}}$	25.32549
21						区间估计	50669.8
22							70930.2

图 7－8

7.5 麦地的总产量区间范围估计

例 7.5（7－11）

	A	B	C	D	E
1	产量(千克) x_i	单位数 n_i	x_in_i	$(x_i-\bar{x})$	$(x_i-\bar{x})^2n_i$
2	0.6	5	`=A2*B2`	`=(A2-$C$9)`	`=(A2-$C$9)^2*B2`
3	0.8	7	`=A3*B3`	`=(A3-$C$9)`	`=(A3-$C$9)^2*B3`
4	1	13	`=A4*B4`	`=(A4-$C$9)`	`=(A4-$C$9)^2*B4`
5	1.2	8	`=A5*B5`	`=(A5-$C$9)`	`=(A5-$C$9)^2*B5`
6	1.4	4	`=A6*B6`	`=(A6-$C$9)`	`=(A6-$C$9)^2*B6`
7	1.6	3	`=A7*B7`	`=(A7-$C$9)`	`=(A7-$C$9)^2*B7`
8	合计	`=SUM(B2:B7)`	`=SUM(C2:C7)`	——	`=SUM(E2:E7)`
9		$\bar{x}$	`=C8/B8`	s^2	`=E8/B8`
10				$\sigma_{\bar{x}}$	`=SQRT(E9/B8*(1-B8/7200))`
11				$\Delta_{\bar{x}}$	`=2*E10`
12				区间估计	`=($C$9-$E$11)*7200`
13					`=($C$9+$E$11)*7200`

图 7－9

（Ctrl + 、互换）

	A	B	C	D	E
1	产量(千克) x_i	单位数 n_i	x_in_i	$(x_i-\bar{x})$	$(x_i-\bar{x})^2n_i$
2	0.6	5	3	-0.44	0.968
3	0.8	7	5.6	-0.24	0.4032
4	1	13	13	-0.04	0.0208
5	1.2	8	9.6	0.16	0.2048
6	1.4	4	5.6	0.36	0.5184
7	1.6	3	4.8	0.56	0.9408
8	合计	40	41.6	——	3.056
9		$\bar{x}$	1.04	s^2	0.0764
10				$\sigma_{\bar{x}}$	0.04358
11				$\Delta_{\bar{x}}$	0.08716
12				区间估计	6860.42
13					8115.58

图 7－10

第八章　假设检验

8.1　大样本——使用正态分布的假设检验

例 8.1

商店经理想为商店持信用卡的顾客建一新的付款系统，经过详细的经济分析，她判定如果新系统每月平均利润低于 70 元的话就不能有效地使用资金。于是随机抽取了 200 个月的利润，其平均月利润为 66 元。如果 $\alpha=0.05$，有无充分的证据说明新系统不是一个节省资金的系统？假设总体的标准偏差为 30 元。

	A	B	C
1	大样本已知均值标准差	z检验	
2			
3	样本值		
4	例数	n	200
5	均值	Mean	66
6	检验假设		
7	检验假设	HoMean	70
8	检验水平	a	0.05
9	标准差	Std	30
10	统计量		
11	标准误	Se	=Std/SQRT(n)
12	z值	z	=(Mean-HoMean)/Se
13	检验		
14	左尾检验		
15	P值	p	=NORMSDIST(z)
16	右尾检验		
17	P值	p	=1-NORMSDIST(z)
18	双尾检验		
19	P值	p	=IF(z>0,2*(1-NORMSDIST(z)),2*NORMSDIST(z))

图 8－1　正态假设检验的标记和公式——已知均值标准差计算公式

图 8－1 所示的工作表可用于正态分布平均值的左尾、右尾和双尾假设检验。检验结果包括基于 α 判决法和 P 值报告法。输入样本大小、样本平均值和标准偏差作为值、公式或引用，指定假设的平均值（Mean）和显著水平 α 作为值。

下面各步骤描述了如何建立该工作表：

（1）打开一新工作表并输入 B 列所示标记。

（2）要在 C 列的公式使用 B 列中的名称，选取单元 B4：C12，从插入菜单中选择名称 ▸ 指定，在指定名称对话框中复选名称创建于最左列，单击确定。

（3）输入 C 列所示的公式（按图所示键入公式或通过单击适当的已命名的单元插入函数来建立公式）。

（4）要得到如图 8－1 所示的外观，按 Ctrl＋、。

	A	B	C	D
1	大样本已知均值标准差	z检验		
2				
3	样本值			
4	例数	n	200	
5	均值	Mean	66	
6	检验假设			
7	检验假设	HoMean	70	
8	检验水平	a	0.05	
9	标准差	Std	30	
10	统计量			
11	标准误	Se	2.1213	
12	z值	z	-1.8856	
13	检验			
14	左尾检验			
15	P值	p	0.0297	
16	右尾检验			
17	P值	p	0.9703	
18	双尾检验			
19	P值	p	0.0593	

图 8－2　正态假设检验

因为经理想知道平均月利润是否低于 70 元，所以备择假设为 H_1：Mean < 70，零假设为 H_0：Mean > 70 或简单地为 H_0：Mean = 70。由于数据已经总结过了，可直接在工作表单元中输入样本大小 n、样本平均值、总体的标准偏差、假设总体平均值和显著水平。

结论：得到 Z 小于 －1.886 的概率是 0.029 7。如果零假设为真（每月平均利润为 70 元），得到样本平均值为 66 元或小于它的概率约为 3%，即有充分的证据说明新系统是一个节省资金的系统。

8.2　小样本——使用 t 分布的假设检验

例 8.2（已知均值标准差）

一家保险公司用代理的方式支付赔偿费用，假定每年的平均代理赔偿费用为 32 000 元，如果平均支付费用与计划不同，就需要对计划进行修改。对一个有

36 个代理的样本，上一年的平均支付费用为 27 500 元，标准偏差为 8 400 元，如果整个公司的平均支付变化与该样本的情况不同，那么可用管理计划来修改赔偿计划。根据这一结果的 P 值，这一样本能充分说明平均值变化了吗？

本例已知均值标准差，下面各步骤描述了如何建立计算工作表：

（1）打开一新工作表，输入 A 列所示标记。

（2）要在 C 列的公式使用 B 列中的名称，选取单元 B4：C13，从 插入 菜单中选择 名称 ▸ 指定，在指定名称对话框中复选名称创建于 最左列，单击 确定。

	A	B	C
1	小样本已知均值标准差	t检验	
2			
3	样本值		
4	例数	n	36
5	均值	Mean	27500
6	标准差	Std	8400
7	检验假设		
8	检验假设	HoMean	32000
9	检验水平	α	0.05
10	统计量		
11	标准误	Se	=Std/SQRT(n)
12	自由度	df	=n-1
13	t值	t	=(Mean-HoMean)/Se
14	检验		
15	左尾检验		
16	P值	p	=IF(t<0, TDIST(ABS(t), df, 1), 1-TDIST(t, df, 1))
17	右尾检验		
18	P值	p	=IF(t>0, TDIST(t, df, 1), 1-TDIST(ABS(t), df, 1))
19	双尾检验		
20	P值	p	=TDIST(ABS(t), df, 2)

图 8－3　已知均值标准差计算公式——t 假设检验的标记和公式

因为经理想知道平均支付是否发生了变化（不用指出变化的方向），所以备择假设为 H_1：Mean≠32 000，零假设为 H_0：Mean＝32 000。由于数据已经总结过了，可以直接向工作表的单元中输入样本大小 n、样本平均值、总体的标准偏差和假设总体的平均值。例中未指明显著水平，可输入 0.05。

结论：由于 $P=0.0028<0.05$，所以，有足够的理由拒绝在显著水平为 5%（双尾检验）时的零假设，可得出如下结论：平均支付值不等于 32 000，明确说明平均值改变了。

	A	B	C
1	小样本已知均值标准差	t检验	
2			
3	样本值		
4	例数	n	36
5	均值	Mean	27500
6	标准差	Std	8400
7	检验假设		
8	检验假设	HoMean	32000
9	检验水平	α	0.05
10	统计量		
11	标准误	Se	1400. 0000
12	自由度	df	35
13	t值	t	-3. 2143
14	检验		
15	左尾检验		
16	P值	p	0. 0014
17	右尾检验		
18	P值	p	0. 9986
19	双尾检验		
20	P值	p	0. 0028

图 8－4　*t* 假设检验

例 8. 3（已知原始数据）

一家制造商生产钢棒，为了提高质量，如果某新的生产工艺生产出的钢棒的断裂强度大于现有平均断裂强度标准的话，公司将采用该工艺。当前钢棒的平均断裂强度标准是 500 千克。对新工艺生产的钢棒进行抽样，12 件棒材的断裂强度如下：502，496，510，508，506，498，512，497，515，503，510 和 506，假设断裂强度的分布比较近似于正态分布，将样本数据画图，所画图形能表明平均断裂强度有所提高吗？

图 8－5 显示了假设检验所需的数据。因为经理想检查是否有提高，备择假设为 H_1：Mean > 500，所以用右尾检验比较合适。零假设为 H_0：Mean < 500，或简单地 H_0：Mean = 500。将 D2：D13 单元命名为 Data，单元 B4：B6 包含了公式 COUNT（Data），AVERAGE（Data）和 STDEV（Data）。例中未指定显著水平，在 B10 单元中输入显著水平为 0. 05。包含了左尾和右尾检验结果的 15 ~ 18 行被隐藏。

	A	B	C	D
1	小样本未知均值标准差	t检验		Data
2				502
3	样本值			496
4	例数	n	=COUNT(D2:D13)	510
5	均值	Mean	=AVERAGE(D2:D13)	508
6	标准差	Std	=STDEV(D2:D13)	506
7	检验假设			498
8	检验假设	HoMean	500	512
9	检验水平	a	0.05	497
10	统计量			515
11	标准误	Se	=Std/SQRT(n)	503
12		df	=n-1	510
13	z值	t	=(Mean-HoMean)/Se	506
14	检验			
15	左尾检验			
16	P值	p	=IF(t<0,TDIST(ABS(t),df,1),1-TDIST(t,df,1))	
17	右尾检验			
18	P值	p	=IF(t>0,TDIST(t,df,1),1-TDIST(ABS(t),df,1))	
19	双尾检验			
20	P值	p	=TDIST(ABS(t),df,2)	

图 8－5　小样本 t 假设检验公式

结论：$P=0.0131<0.05$，说明有充分证据来拒绝零假设。可得出如下结论：新工艺在统计上可带来平均断裂强度的显著提高。

	A	B	C	D
1	小样本未知均值标准差	t检验		Data
2				502
3	样本值			496
4	例数	n	12	510
5	均值	Mean	505	508
6	标准差	Std	6.1515	506
7	检验假设			498
8	检验假设	HoMean	500	512
9	检验水平	a	0.05	497
10	统计量			515
11	标准误	Se	1.7758	503
12		df	11.0000	510
13	z值	t	2.9564	506
14	检验			
15	左尾检验			
16	P值	p	0.9935	
17	右尾检验			
18	P值	p	0.0065	
19	双尾检验			
20	P值	p	0.0131	

图 8－6　小样本 t 假设检验结果

第九章　相关与回归

9.1　简单线性相关分析

例 9.1（9－1）

（1）Excel进行相关分析：

①输入数据：将数据输入A1：C9单元格。

②绘制散点图：

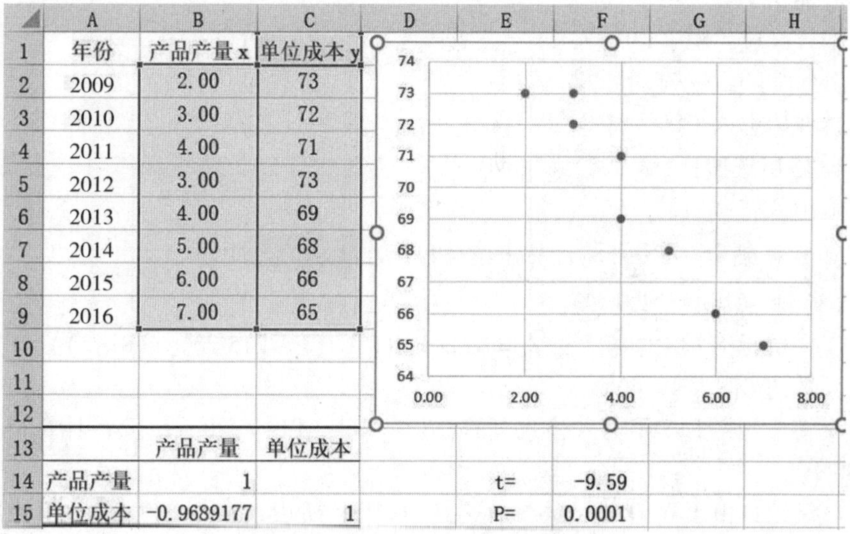
A
B
C
D
E
F
G
H
年份
产品产量x
单位成本y
2009 2.00 73
2010 3.00 72
2011 4.00 71
2012 3.00 73
2013 4.00 69
2014 5.00 68
2015 6.00 66
2016 7.00 65
产品产量
单位成本
产品产量 1
单位成本 -0.9689177 1
t= -9.59
P= 0.0001
74
73
72
71
70
69
68
67
66
65
64
0.00
2.00
4.00
6.00
8.00

图9－1　简单相关系数及散点图

（2）计算相关系数：

①选择数据菜单之数据分析选项，在分析工具下拉列表中选择“相关系数”，相关系数对话框将显示如图9－2所示，它带输入输出的提示。

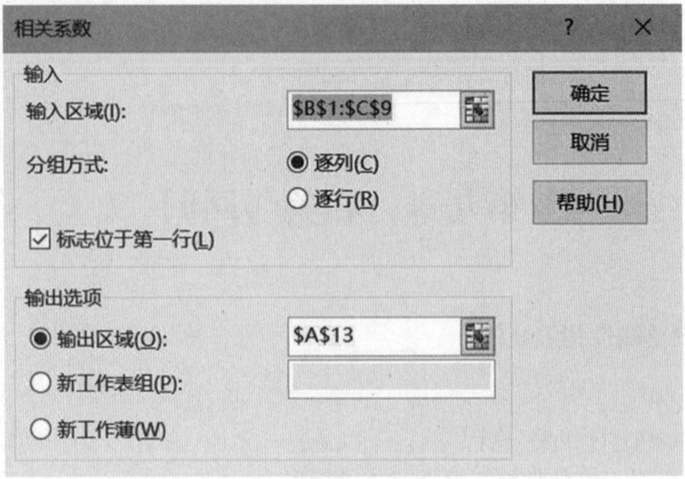

图9－2　相关系数对话框

a. 输入：

输入区域：B1：C9

分组方式：逐列

选择标志位于第一行

b. 输出选项：

输出区域：A13

②单击确定，Excel将计算出结果显示在输出区域中。

（3）相关系数假设检验：

①在单元格F14中输入公式＝B15/SQRT（（1－B15^2）/（8－2））计算得相关系数的t值为49.46。

②在单元格F15中输入公式＝TDIST（ASB（F14），B－2，2）计算得$P=0.0001$。

③结论：由于$R=-0.9689$，且$P<0.05$，所以，在0.05水平上拒绝原假设，认为产品产量与单位成本间有负的线性相关关系。

9.2　简单回归分析

上面的简单相关分析只是说明两变量之间的线性关系的密切程度，如果要建立它们之间线性依存的关系式，就需用回归分析。可按下列步骤使用“回归”分析工具：

（1）输入数据：将数据输入A1：C9单元格。

（2）回归分析：

①选择数据菜单之数据分析选项，在分析工具下拉列表中选择“回归”。回归对话框将显示如图9－3所示。

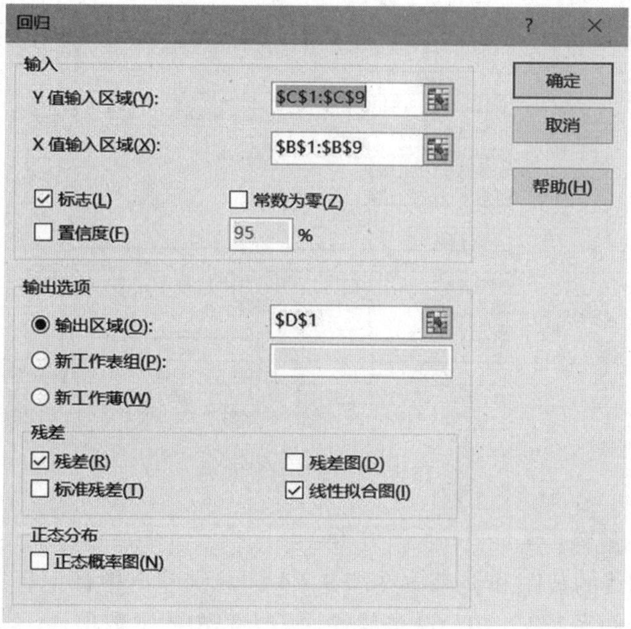

图 9－3 回归对话框

a. 输入：

Y 值输入区域：C1：C9

X 值输入区域：B1：B9

标志：选择

常数为零：只有当用户想强制使回归线通过原点（0，0）时才选此框。

置信度：Excel 自动包括了回归系数的 95% 置信区间。要使用其他置信区间，选择该框并在 Confidence Level 框中输入置信水平。

b. 输出选项：

输出区域：D1

c. 残差：

残差（R）：选择此框可得到预测值和残差（Residual）。

残差图（D）：选择此框可得到残差和每一 *X* 值的图表。

标准残差（T）：选择此框可得到标准化的残差，每一残差被估计标准误差。这一输出可使曲线较容易分层。

线性拟合图（I）：选择此框可得到一含有 *Y* 输入数据和拟合的 *Y* 值的散点图。

正态概率图：绘制因变量的正态概率图。

②单击确定，Excel 将计算出结果显示在输出区域中。

	A	B	C	D	E	F	G	H	I	J	K	L
1	年份	产品产量 x	单位成本 y	SUMMARY OUTPUT								
2	1993	2.00	73									
3	1994	3.00	72	回归统计								
4	1995	4.00	71	Multiple	0.968918							
5	1996	3.00	73	R Square	0.938802							
6	1997	4.00	69	Adjusted	0.928602							
7	1998	5.00	68	标准误差	0.83205							
8	1999	6.00	66	观测值	8							
9	2000	7.00	65									
10				方差分析								
11					df	SS	MS	F	gnificance F			
12				回归分析	1	63.72115	63.72115	92.04167	7.33E-05			
13				残差	6	4.153846	0.692308					
14				总计	7	67.875						
15												
16					Coefficient	标准误差	t Stat	P-value	Lower 95%	Upper 95%	下限 95.0%	上限 95.0%
17				Intercept	77.30769	0.853118	90.6178	1.22E-10	75.22019	79.3952	75.22019	79.3952
18				产品产量	-1.80769	0.188422	-9.59383	7.33E-05	-2.26875	-1.34664	-2.26875	-1.34664

图 9－4　回归分析结果

(3) 回归解释：

拟合回归线的截距和斜率放在图 9－4 的总结输出中标记有“Coefficients”的左下部。截距系数 77.307 69 是线性回归方程中的常数项，x 系数 －0.807 69 是斜率。回归方程是：

$y = 77.307\,69 - 0.807\,69x$

RESIDUAL OUTPUT

观测值	单位成本	残差
1	73.69231	-0.69231
2	71.88462	0.115385
3	70.07692	0.923077
4	71.88462	1.115385
5	70.07692	-1.07692
6	68.26923	-0.26923
7	66.46154	-0.46154
8	64.65385	0.346154

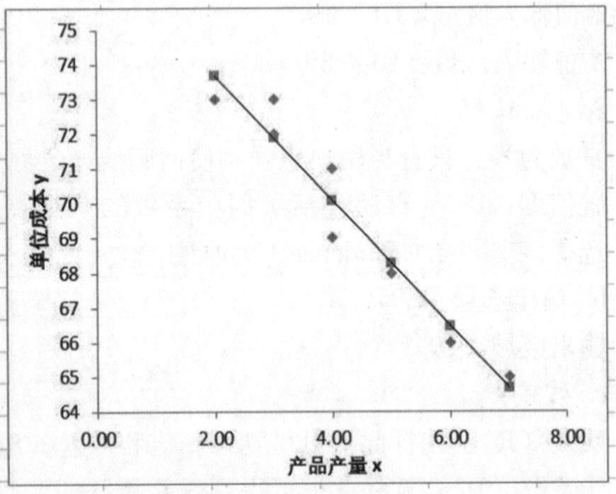

图 9－5　残差及拟合线

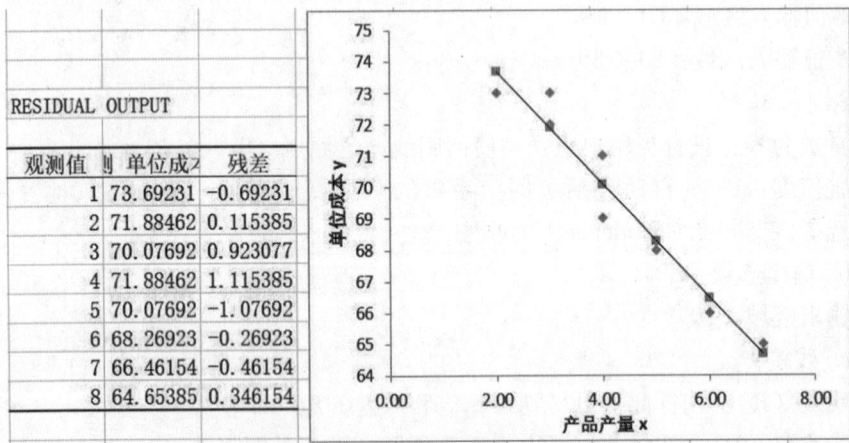

在图 9－5 所示的残差输出中，预测 y，有时又称拟合值，是用这个回归方程计算的单位成本的估计值。残差是实际值和拟合值之间的差值。

回答“拟合关系怎么样”问题的最通用的四个方法是标准误差，R^2，t 统计值和方差分析。标准误差 0.832 05 显示在图 9－4 的单元 E7 中。作为残数的标准偏差，它衡量单位成本在回归线周围的分散情况，标准误差通常被称为估计标准误差。

R^2（R Square），如图9－4的单元E5所示，衡量用回归线解释的因变量变化的比例。这一比例必然是0和1之间的一个数据，通常以百分数表示。这里，约有94%的单位成本的变化是在线性方程中用产品产量作为预测因子来解释的。单元E6显示的Adjusted R Square在用附加解释变量把此模型和其他模型比较时很有用。

第十章　时间数列分析指标

例 10.1（10－2）

6 年的销售额见图 10－1 B 列，则其速度分析指标计算如下：

	A	B	C	D	E	F
1	年份	销售额	逐期增长量	环比发展速度	环比增长速度	增长百分之一
2	第1年	100.80				
3	第2年	111.00	10.20	110.12	10.12	1.01
4	第3年	122.66	11.66	110.50	10.50	1.11
5	第4年	136.52	13.86	111.30	11.30	1.23
6	第5年	146.00	9.48	106.94	6.94	1.37
7	第6年	160.20	14.20	109.73	9.73	1.46

图 10－1

Excel 计算公式如下：

	A	B	C	D	E	F
1	年份	销售额	逐期增长量	环比发展速度	环比增长速度	增长百分之一
2	第1年	100.8				
3	第2年	111	=B3-B2	=B3/B2*100	=D3-100	=C3/E3
4	第3年	122.66	=B4-B3	=B4/B3*100	=D4-100	=C4/E4
5	第4年	136.52	=B5-B4	=B5/B4*100	=D5-100	=C5/E5
6	第5年	146	=B6-B5	=B6/B5*100	=D6-100	=C6/E6
7	第6年	160.2	=B7-B6	=B7/B6*100	=D7-100	=C7/E7

图 10－2

（Ctrl +、互换）

例 10.2（10－3）

计算步骤：

（1）各季度平均每月总产值计算公式：

说明	单元格	公式
第一季度	B16	= AVERAGE（B2：B4）
第二季度	B17	= AVERAGE（B5：B7）
第三季度	B18	= AVERAGE（B8：B10）
第四季度	B19	= AVERAGE（B11：B13）
全年	B20	= AVERAGE（B2：B13）

（2）全年平均职工人数：

C16 = （C2/2 + C3 + C4 + C5 + C6 + C7 + C8 + C9 + C10 + C11 + C12 + C13 + C14/2）/13

（3）月平均全员劳动生产率：C17 = B20/C16 * 10 000

年平均全员劳动生产率：C18 = SUM（B2：B13）/C16 * 10 000

（4）全年职工构成指标：

C19 = （D2/2 + D3 + D4 + D5 + D6 + D7 + D8 + D9 + D10 + D11 + D12 + D13 + D14/2）/（C2/2 + C3 + C4 + C5 + C6 + C7 + C8 + C9 + C10 + C11 + C12 + C13 + C14/2） * 100

	A	B	C	D	E
1	月份	总产值 a	期初职工人数 b	生产工人人数 c	
2	1	168	200	136	
3	2	204	196	120	
4	3	80	200	136	
5	4	184	206	144	
6	5	182	210	150	
7	6	188	210	150	
8	7	200	220	156	
9	8	202	222	158	
10	9	200	212	154	
11	10	198	216	152	
12	11	201	218	153	
13	12	205	229	158	
14	1		230	160	
15					
16	一季	150.67	196.46	全年平均职工人数	
17	二季	184.67	9382.67	月平均全员劳动生产率	
18	三季	200.67	112592.01	年平均全员劳动生产率	
19	四季	201.33	69.66	全年职工构成指标	

图 10 - 3

例 10.3（10－6）

F3　=(PRODUCT(A2:E2)^(1/5)-1)*100

	A	B	C	D	E	F	G
1	8.2	8.8	8.98	10.5	10.83		
2	1.082	1.088	1.0898	1.105	1.1083		
3				平均增长速度		9.46	
4				翻两番时间		15.34	

计算步骤：

（1）计算每年的增长速度：A2＝1＋A1/100，…

（2）计算五年平均增长速度：F3＝（PRODUCT（A2：E2）^(1/5）－1）＊100

（3）计算国民生产总值翻两番需要的时间：F4＝LOG（4，10）/LOG（1＋F3/100，10）

第十一章　时间数列预测方法

例 11.1（11－1）

（1）计算按5日扩大时距的时间数列和5日平均日产量的时间数列，结果如下。

	A	B	C	D	E
1	日期	产量		(1)	(2)
2	1	301	1~5	1496	299.2
3	2	302	6~10	1552	310.4
4	3	304	11~15	1566	313.2
5	4	291	16~20	1615	323
6	5	298	21~25	1685	337
7	6	310	26~30	1744	348.8
8	7	305			

图 11－1

Excel 计算公式：

	A	B	C	D	E
1	日期	产量		(1)	(2)
2	1	301	1~5	=SUM(B2:B6)	=AVERAGE(B2:B6)
3	2	302	6~10	-SUM(B7:B11)	-AVERAGE(B7:B11)
4	3	304	11~15	=SUM(B12:B16)	=AVERAGE(B12:B16)
5	4	291	16~20	=SUM(B17:B21)	=AVERAGE(B17:B21)
6	5	298	21~25	=SUM(B22:B26)	=AVERAGE(B22:B26)
7	6	310	26~30	=SUM(B27:B31)	=AVERAGE(B27:B31)
8	7	305			

图 11－2

（2）5日移动平均数。

按下列步骤使用“移动平均”分析工具：

①选择数据菜单之数据分析选项，在数据分析下拉列表中选择“移动平

均”。移动平均对话框将显示为下图所示，它带输入输出的提示。

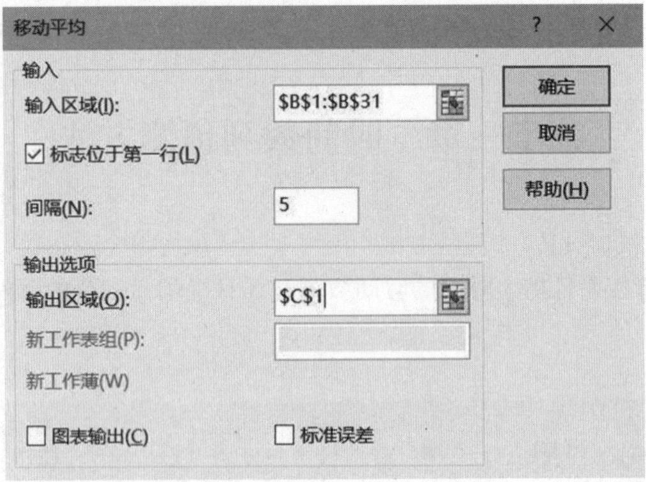

图 11－3

a. 输入：

输入区域：B1：B31

选择标志位于第一行

间隔：5

b. 输出选项：

输出区域：C1

②单击确定，Excel 将计算出结果显示在输出区域中。

	A	B	C
1	日期	产量	
2	1	301	#N/A
3	2	302	#N/A
4	3	304	#N/A
5	4	291	#N/A
6	5	298	299.2
7	6	310	301
8	7	305	301.6
9	8	312	303.2
10	9	315	308
11	10	310	310.4
12	11	308	310
13	12	319	312.8
14	13	320	314.4
15	14	323	316
16	15	296	313.2

16	15	296	313.2
17	16	290	309.6
18	17	328	311.4
19	18	330	313.4
20	19	334	315.6
21	20	333	323
22	21	336	332.2
23	22	334	333.4
24	23	338	335
25	24	338	335.8
26	25	339	337
27	26	345	338.8
28	27	342	340.4
29	28	356	344
30	29	350	346.4
31	30	351	348.8

图 11－4

例 11.2 (11－2)

(1) 选择[数据]菜单之[数据分析]选项，在数据分析下拉列表中选择“指数平滑”。指数平滑对话框将显示如图 11－5 所示，它带输入输出的提示。

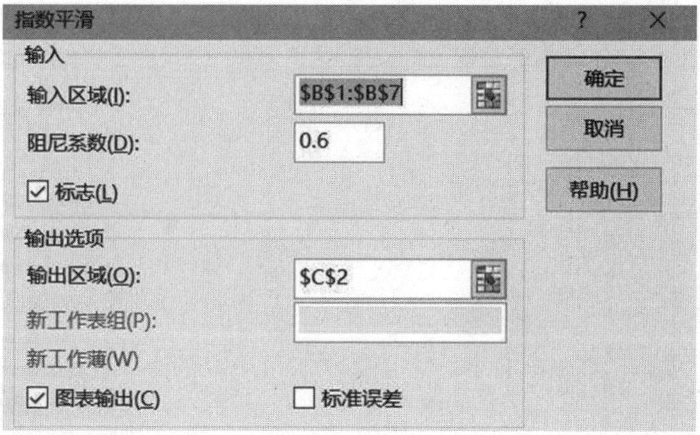

图 11－5

①输入：

输入区域：B1：B7

阻尼系数：0.6

选择标志

②输出选项：

输出区域：C2

选择图表输出

(2) 单击[确定]，Excel 将计算出结果显示在输出区域中。

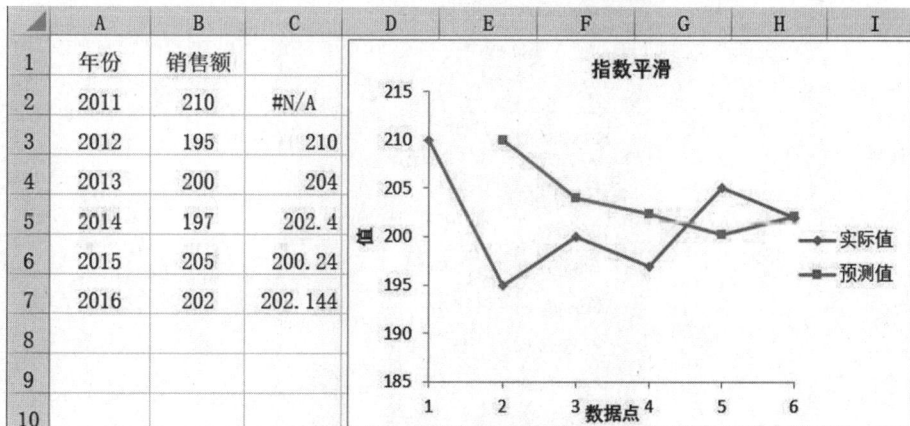

	A	B	C
1	年份	销售额	
2	2011	210	#N/A
3	2012	195	210
4	2013	200	204
5	2014	197	202.4
6	2015	205	200.24
7	2016	202	202.144
8			
9			
10			

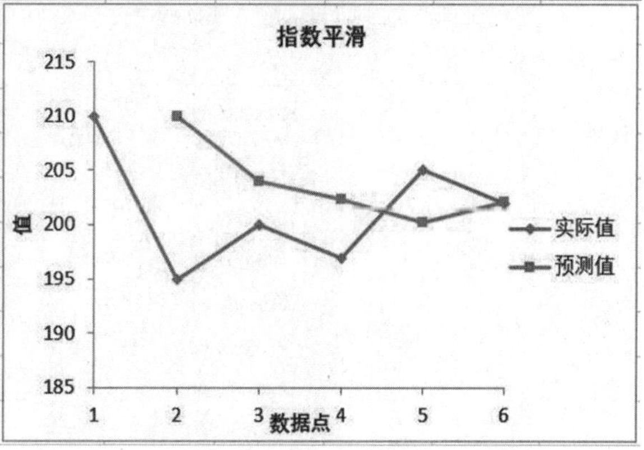

图 11－6

例 11.3 (11－6)

(1) 输入数据，绘制散点图。

(2) 点击图中数据点，在菜单“图表”中 添加趋势线 ，在对话框中选择 2 阶多项式，并在选项中选中“显示公式”和“显示 R 平方值”。

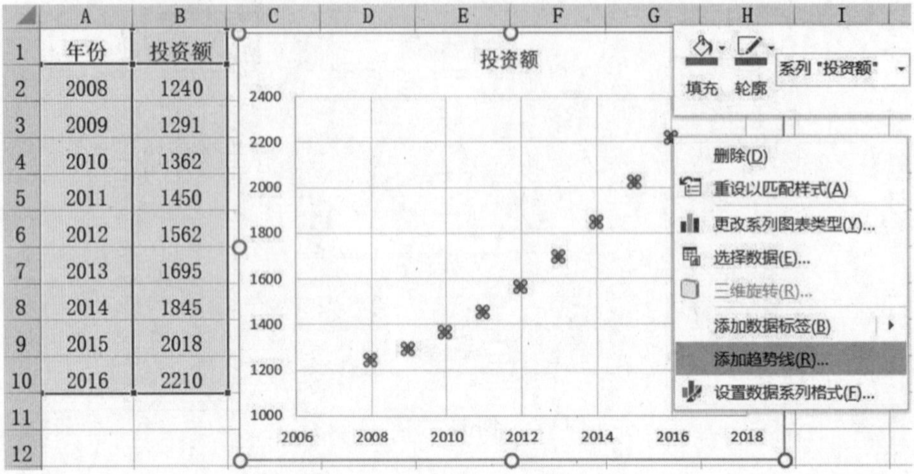

图 11－7

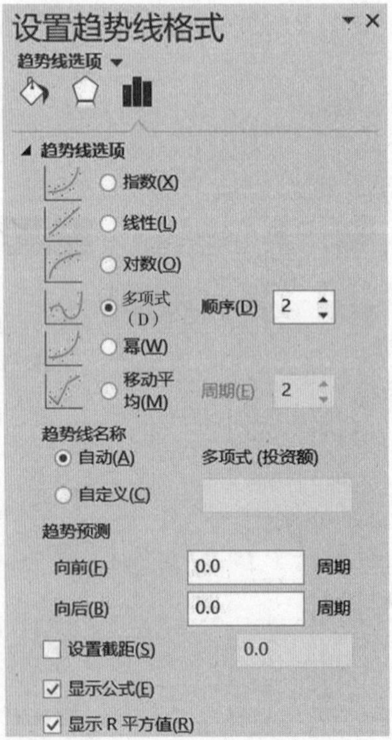

图 11－8

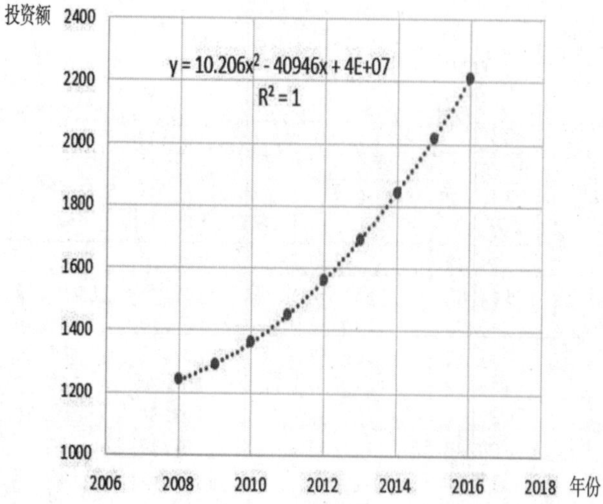

图 11－9

例 11.4 （11－7）

（1）求年合计和年平均：N2 = SUM （B2：M2），…；O2 = AVERAGE （B2：M2），…

（2）求月合计和月平均：B6 = SUM （B2：B5），…；B7 = AVERAGE （B2：B5），…

（3）求季节指数：B8 = B2/$ O $ 2，…

	A	B	C	D	E	F	G	H	I	J	K	L	M	N	O
1		1	2	3	4	5	6	7	8	9	10	11	12	合计	平均
2	2013	8	6	2	1	0.6	0.4	0.8	1.2	2	5	21	25	73	6.08
3	2014	15	9	4	2.5	1	0.8	1.2	2	3.5	8.5	34	35	116.5	9.71
4	2015	24	15	6	4	2	1.1	3.2	4	7	15	42	48	171.3	14.28
5	2016	28	14	8	3	1.2	0.9	3.7	4.8	8.3	14	47	51	183.9	15.33
6	合计	75	44	20	10.5	4.8	3.2	8.9	12	20.8	42.5	144	159	544.7	45.39
7	平均	18.75	11	5	2.625	1.2	0.8	2.225	3	5.2	10.63	36	39.75	136.18	11.35
8	季节指数	1.32	0.99	0.33	0.16	0.10	0.07	0.13	0.20	0.33	0.82	3.45	4.11		

图 11－10

例 11.5 （11－10）

（1）计算线性趋势值 T：D3 = FORECAST （B3，C $ 3：C $ 22，B $ 3：B $ 22），FORECAST 函数直接给出以 B $ 3：B $ 22 为自变量，C $ 3：C $ 22 为因变量的线性回归的预测（估计）值，将公式拷贝到 D22 即得结果。

（2）计算循环及不规则变动 $C \cdot I$ （%）：E3 = C3/D3 * 100，…

（3）用循环及不规则变动的 3 项移动平均计算循环变动 C （%）：F4 = AV-

ERAGE（E3：E5），…

（4）计算不规则变动 *I*（%）：G4 = E4/F4 * 100，…

D3 =FORECAST(B3,C$3:C$23,B$3:B$23)

年份	编号	净增人口数 Y（万人）	趋势值 T（万人）	循环及不规则变动 C・I（%）	循环变动 C（%）	不规则变动 I（%）
1996	1	139.42	132.40	105.30	—	—
1997	2	143.02	131.51	108.75	107.32	101.34
1998	3	140.93	130.62	107.90	107.96	99.94
1999	4	139.11	129.73	107.23	106.54	100.65
2000	5	134.63	128.84	104.50	105.13	99.40
2001	6	132.61	127.95	103.65	101.77	101.84
2002	7	123.45	127.05	97.16	96.16	101.04
2003	8	110.61	126.16	87.67	89.15	98.35
2004	9	103.48	125.27	82.60	84.00	98.34
2005	10	101.65	124.38	81.72	84.80	96.37
2006	11	111.23	123.49	90.07	89.78	100.32
2007	12	119.60	122.60	97.55	94.94	102.75
2008	13	118.31	121.71	97.20	100.53	96.69
2009	14	129.09	120.82	106.84	102.47	104.26
2010	15	123.98	119.93	103.38	102.15	101.20
2011	16	114.55	119.04	96.23	98.94	97.26
2012	17	114.86	118.15	97.21	97.37	99.84
2013	18	115.70	117.26	98.67	101.45	97.26
2014	19	126.23	116.37	108.47	105.99	102.34
2015	20	128.00	115.48	110.84	108.86	101.82
2016	21	122.90	114.59	107.25	—	—

图 11－11

第十二章 统计指数

例 12.1（12－1）

	A	B	C	D	E	F	G
1	商品	计量单位	基期价格	报告期价格	报告期销售量		
2			po	p1	q1	poq1	p1q1
3	甲	千克	8	9.2	2850	22800	26220
4	乙	米	12	13.2	4320	51840	57024
5	丙	件	40	38	1040	41600	39520
6					Σ	116240	122764
7				物价总指数%	Σp1q1/Σpoq1	105.61	
8			因物价变动而增减的销售额		Σp1q1-Σpoq1	6524	

图 12－1

计算步骤：

（1）计算 p_0q_1： F3 = C3 * E3，…

（2）计算 p_1q_1： G3 = D3 * E3，…

（3）计算 $\sum p_0q_1$：F6 = SUM（F3：F5），$\sum p_1q_1$：G6 = SUM（G3：G5）

（4）计算物价总指数% $\sum p_1q_1/\sum p_0q_1$：F7 = G6/F6 * 100

（5）计算因物价变动而增减的销售额 $\sum p_1q_1 - \sum p_0q_1$：F8 = G6 − F6

例 12.2（12－4）

B7　{=SUM((C3:C5)*(F3:F5))/SUM((C3:C5)*(E3:E5))*100}

	A	B	C	D	E	F
1		计量单位	价格		销售量	
2			po	p1	qo	q1
3	甲	件	10	11	12500	15000
4	乙	担	60	54	12000	16800
5	丙	个	2	2.3	6000	5700
6						
7	销量总指数%	136.45	价格总指数%	92.81	价格总指数%	126.64
8	变动销售额	312400	变动销售额	-84090	变动销售额	228310

图 12－2

计算可按例 12.1 步骤一步步进行，也可按下面的数组方式快速计算，例如销量总指数计算公式为：

B7 = SUM（（C3：C5）＊（F3：F5））/SUM（（C3：C5）＊（E3：E5））＊100

但要得到数组结果需用组合键 Ctrl + Shift + Enter。

例 12.3（12－8）

	A	B	C	D	E	F	G	H
1	厂名	单位产品成本（元）		产量（吨）				
2		zo	z1	qo	q1	zoqo	zoq1	z1q1
3	甲厂	1030	985	4850	5100	=B3*D3	=B3*E3	=C3*E3
4	乙厂	1145	1150	3150	3500	=B4*D4	=B4*E4	=C4*E4
5	丙厂	1210	1130	1850	2200	=B5*D5	=B5*E5	=C5*E5
6			Σ	=SUM(D3:D5)	=SUM(E3:E5)	=SUM(F3:F5)	=SUM(G3:G5)	=SUM(H3:H5)
7	平均成本			指数				
8	报告期	mz1=	=H6/E6	可变组成	mz1/mzo=	=C8/C9*100	mz1-mzo=	=C8-C9
9	基期	mzo=	=F6/D6	固定组成	mz1/mzo'=	=C8/C10*100	mz1-mzo'=	=C8-C10
10	假定	mzo'=	=G6/E6	结构组成	mzo'/mzo=	=C10/C8*100	mzo'-mzo=	=C10-C9

图 12－3

（Ctrl +、互换）

Excel 计算结果如下：

	A	B	C	D	E	F	G	H
1	厂名	单位产品成本（元）		产量（吨）				
2		zo	z1	qo	q1	zoqo	zoq1	z1q1
3	甲厂	1030	985	4850	5100	4995500	5253000	5023500
4	乙厂	1145	1150	3150	3500	3606750	4007500	4025000
5	丙厂	1210	1130	1850	2200	2238500	2662000	2486000
6			Σ	9850	10800	10840750	11922500	11534500
7	平均成本			指数				
8	报告期	mz1=	1068.0	可变组成	mz1/mzo=	97.04	mz1-mzo=	-32.57
9	基期	mzo=	1100.6	固定组成	mz1/mzo'=	96.75	mz1-mzo'=	-35.93
10	假定	mzo'=	1103.9	结构组成	mzo'/mzo=	103.36	mzo'-mzo=	3.35

图 12－4

附　录

附录一　科学计算器的使用

1. [2ndF]第二功能键，Second Function 或[INV]或[Shift]

2. n！阶乘

例 1：63！=

63 [2ndF] n！→1. 982 608 3 — 87

例 2：69！=

69 [2ndF] n！→1. 711 224 5 — 98

3. [log] [10^x]对数与反对数

例 1：log100 =

100 [log]→2

例 2：[log] 5 =

5 [log]→0. 698 970 004

例 3：$\log x=2$，求 $x=$

2 [2ndF] [10^x]→100

例 4：$\log x=0.698\ 970\ 004$，求 $x=$

0. 698 970 004 [2ndF] [10^x]→5

4. [y^x] [$\sqrt[x]{y}$] x 次平方，开 x 次方

例 1：$4^2=$

4 [y^x] 2 [=]→16

例 2：$4^5=$

4 [y^x] 5 [=]→1 024

例 3：$\sqrt{16}=$

16 [2ndF] [$\sqrt[x]{y}$] 2 [=] →4

例 4：$\sqrt[5]{1\ 024}$ =

1 024 [2ndF] [$\sqrt[x]{y}$] 5 [=] →4

5. [M+] [RM] 表示储存，显示储存总和

6. [2ndF] [STAT] 表示统计键

例：某车间甲作业班日产量资料如下表所示。

日产量	组中值 x	工人数 f
6 件以下	5	6
7 ~ 9 件	8	12
10 件以上	11	8
合计		26

试用科学计算器直接计算平均数和标准差。

解：

[2ndF] [STAT]

5 [×] 6 [DATA]

8 [×] 12 [DATA]

11 [×] 8 [DATA]

[$\bar{x}$] →8. 230 769 231， [2ndF] [σ] →2. 189 269 149

附录二　模拟试题

《统计学原理》模拟试题（一）

一、判断题

判断下列各小题的正误，正确的在题后括号内打“√”，错误的打“×”。每小题1分，共10分。

1. 人口普查可以经常进行，所以它属于经常性调查。（　）

2. 某厂劳动生产率原计划在去年的基础上提高10%，计划执行结果仅提高5%，则该厂劳动生产率计划仅完成一半。（　）

3. 累计增长量与逐期增长量之间的关系是：累计增长量等于相应各个逐期增长量之乘积。（　）

4. 加权算术平均数的大小不仅受变量值的影响，而且受权数的影响。（　）

5. 已知一组数列的方差为9，离散系数为30%，则其平均数等于30。（　）

6. 抽样调查的目的在于用抽样指标去推断总体指标。（　）

7. 当H_0用单侧检验被拒绝时，用同样的显著性水平双侧检验，则可能会拒绝也可能不会拒绝。（　）

8. 相关系数的数值越大，说明相关程度越高；同理，相关系数的数值越小，说明相关程度越低。（　）

9. 定基发展速度等于相应的各个环比发展速度的连乘积。（　）

10. 若单位成本降低10%，产量增长10%，则生产费用总额不变。（　）

二、单项选择题

在每小题的四个备选答案中选出一个正确答案，并将正确答案的号码填在括号内。每小题1分，共10分。

1. 统计总体的同质性是指（　）。

①总体单位各标志值不应有差异

②总体的各项指标都是同类性质的指标

③总体全部单位在所有标志上具有同类性质

④总体全部单位在某一个或某几个标志上具有同类性质

2. 调查工业企业设备情况时，每个工业企业是(　　)。

①调查对象　②调查单位

③报告单位　④调查单位和报告单位

3. 统计调查表的形式一般有(　　)。

①简单表和分组表　②简单表和复合表

③简单表和一览表　④单一表和一览表

4. 加权平均数的大小(　　)。

①受各组标志值影响最大

②受各组次数影响最大

③受各组权数比重影响最大

④受各组标志值与各组次数共同影响

5. 某工厂生产的零件出厂时每 200 个装一盒。这种零件分为合格与不合格两类，合格率约占 99%。设每盒中的不合格数为 X，则 X 通常服从(　　)。

①正态分布　②二项分布

③泊松分布　④超几何分布

6. 某地区为了了解小学生发育状况，把全地区各小学按地区排队编号，然后按排队编号顺序每隔 20 个学校抽取一个学校，对抽中学校的所有学生都进行调查，这种调查是(　　)。

①简单随机抽样　②等距抽样

③类型抽样　④整群抽样

7. 若 H_0：$\mu=\mu_0$，H_1：$\mu\neq\mu_0$，当随机抽取一个样本，其均值 $\bar{x}=\mu_0$ 时，则(　　)。

①肯定接受原假设

②有可能接受原假设

③有 $1-\alpha$ 的可能接受原假设

④有可能拒绝原假设

8. 确定现象之间是否存在相关关系，首先要对现象进行(　　)。

①定性分析　②定量分析

③数值分析　④定性与定量分析

9. 发展速度的计算方法为(　　)。

①报告期水平与基期水平之差

②报告期水平与基期水平相比

③增长量与基期水平之差

④增长量与基期水平相比

10. 本年与上年相比，若物价上涨 15%，则本年的 100 元(　　)。

①只值上年的 85 元　②只值上年的 87 元

③与上年的 100 元等值　④无法与上年比较

三、多项选择题

在每小题的五个备选答案中选出二至五个正确答案，并将正确答案的号码填在括号内。正确答案未选全或有选错的，该小题不得分。每小题 1.5 分，共 15 分。

1. 要研究某管理局所属 30 个企业所有职工的工资水平，则(　　)。
   ①总体是某管理局
   ②总体是所属 30 个企业
   ③总体是 30 个企业的全部职工
   ④总体单位是每个职工
   ⑤总体单位是每个企业
2. 对某城市职工家庭生活情况进行调查，适宜采用(　　)。
   ①非全面调查　②经常性调查　③抽样调查
   ④采访法　⑤重点调查
3. 在对全部企业按所有制分组的基础上，再按职工人数分组，这属于(　　)。
   ①简单分组
   ②平行分组体系
   ③复合分组
   ④按一个品质标志和一个数量标志重叠式分组
   ⑤对资料的再分组
4. 强度相对指标的作用主要表现为(　　)。
   ①考核经济效益
   ②用于现象之间的对比
   ③反映现象的发展速度
   ④反映事物发展的密度、强度和普遍程度
   ⑤反映国家或地区的经济实力
5. 当总体各单位标志值相等时，则(　　)。
   ①简单算术平均数等于加权算术平均数
   ②算术平均数等于调和平均数
   ③算术平均数不等于调和平均数
   ④算术平均数等于几何平均数
   ⑤算术平均数不等于几何平均数
6. 某种考试有 10 道单项选择题，若有一个对题目毫无所知的人，对 10 道题任意猜测，则其猜对 6 道题的概率和及格（猜对 6 道题及以上）的概率分别为(　　)。
   ①0.020　②0.019　③0.018　④0.017　⑤0.016
7. 从一个总体中采用简单随机抽样可以抽取一系列样本，所以(　　)。

①样本指标的数值不是唯一确定的

②所有可能样本的平均数的平均数等于总体平均数

③总体指标是确定值，而样本指标是随机变量

④总体指标和样本指标都是随机变量

⑤样本指标的数值随着样本的不同而不同

8. 相关关系与函数关系的联系主要体现在(　　)。

①相关关系往往用函数关系的形式表现出来

②相关关系与函数关系可以相互转化

③相关关系是函数关系的特殊形式

④函数关系是相关关系的特殊形式

⑤在一定条件下，函数关系等于相关关系

9. 编制时间数列应遵循的原则有(　　)。

①时期长短应该相等

②总体范围应该一致

③指标经济内容应该相同

④指标的计算方法、计算价格和计量单位应该一致

⑤数列中的各个指标值具有可比性

10. 若对某企业职工人数和劳动生产率分组资料进行分析，该企业总的劳动生产率的变动主要受到(　　)。

①企业全部职工人数变动的影响

②企业劳动生产率变动的影响

③企业各类职工人数在全部职工人数中所占比重变动的影响

④企业各类职工劳动生产率变动的影响

⑤各组职工人数和相应劳动生产率两种因素的影响

四、填空题

每小题 1 分，共 10 分。

1. “统计”一词的含义是________________。

2. 对全国钢产量中占较大比重的十大钢铁基地进行钢产量的调查，属于__________调查。

3. 在计算平均差时，之所以采取离差的绝对值，是因为各标志值对其算术平均数的离差总和__________。

4. 一个大工厂发生事故的概率服从泊松分布。若每月平均事故数的标准差为 1.732，则一个月内没有事故的概率是__________。

5. 抽样调查是按照随机原则，从全及总体中抽取部分单位进行调查，抽取的部分单位所组成的整体叫__________。

6. 正态总体均值的假设检验，H_0：$\mu \geqslant \mu_0$，H_1：$\mu < \mu_0$，这种检验称作____侧检验。若显著性水平为 α，大样本，则其拒绝域为__________。

7. ＿＿＿＿＿关系是指现象之间存在着非严格的、不确定的依存关系。

8. 按照指数所选基期的不同，时间数列指数可分为定基指数和＿＿＿＿＿。

9. 某工厂连续两年的总产值环比增长速度分别为 6% 与 10%，则此两年平均增长速度为＿＿＿＿＿。

10. 按编制方法及计算公式表现形式的不同，指数可以分为综合指数、平均指数和＿＿＿＿＿。

五、简答题

每小题 5 分，共 15 分。

1. 什么是标志？它有哪些分类？

2. 某厂自开展增产节约活动以来，产品成本逐月下降，据财务部门报告：1 月份开支总成本为 9 万元，平均单位成本为 15 元；2 月份开支总成本为 12 万元，平均单位成本为 10 元；3 月份开支总成本为 14 万元，平均单位成本为 8 元。因此，全厂第一季度平均单位产品成本为：（15 + 10 + 8） ÷ 3 = 11 元。这种算法是否正确？为什么？

3. 定时器在筑路爆破中用来起爆炸药。假如你是定时器的购买者，你必须在两个供应商（分别用 A 和 B 表示）之间选择。在两个供应商各自的说明书中，你发现由 A 供应商出售的导火线引爆的平均时间为 30 秒，其标准差为 0.5 秒；而由 B 供应商出售的导火线引爆的平均时间为 35 秒，其标准差为 8 秒。你会选择哪一家供应商？为什么？

六、计算题

每小题 10 分，共 40 分，计算结果均保留两位小数。

1. 某市场有三个品种的苹果，每千克价格分别为 4 元、5 元和 9 元，试计算：（1）各买 1 千克，平均每千克多少钱？（2）各买 10 元钱，平均每千克多少钱？

2. 一个轮胎厂检验产品质量的方法是每 1 000 个轮胎为一批，随机抽检 10 个。若次品在 2 个及 2 个以上，这 1 000 个轮胎就要逐个检验，若次品在 1 个及 1 个以下就验收通过。若 1 000 个轮胎中有 200 个次品，试求：（1）验收通过的概率有多大？（2）平均每 1 000 个轮胎要检验多少个轮胎？

3. 消费者投诉某酿造厂生产的瓶装酱油分量不足，酱油标明每瓶净重为 250 克，工商管理部门随机抽查了 64 瓶，平均净重为 248.5 克，标准差为 4.8 克。（1）建立原假设 H_0 和备择假设 H_1；（2）这一问题应采取何种检验统计量？试计算该检验统计量；（3）若显著性水平 $\alpha = 0.05$，说明什么情况下工商管理部门会认定该厂的酱油分量不足。

4. 某企业三种产品的价格与产量资料如下表所示。

产品	价格（千元）		产量（台）	
	基期	报告期	基期	报告期
A	40	42	200	240
B	30	33	800	880
C	60	68	500	480

要求：

（1）编制三种产品的产量总指数；

（2）编制三种产品的价格总指数；

（3）编制三种产品的产值总指数；

（4）从相对数和绝对数两方面验证三者的数量关系。

《统计学原理》模拟试题（二）

一、判断题

判断下列各小题的正误，正确的在题后括号内打"√"，错误的打"×"。每小题1分，共10分。

1. 专门调查是为了研究某些专门问题而组织的调查，所以它可以采用定期统计报表的方式来调查。（　　）

2. 某地人均粮食产量为800千克，人均粮食消费量为400千克。这两个指标都是强度相对指标。（　　）

3. 权数的实质是各组单位数占总体单位数的比重。（　　）

4. 变异度指标综合反映总体各单位标志值之间的差异程度。（　　）

5. 对于简单随机重复抽样，若其他条件不变，样本单位数目增加3倍，则样本平均数抽样平均误差将减少30%。（　　）

6. 在假设检验中，显著性水平α是表示原假设为真时被拒绝的概率。（　　）

7. 已知两变量直线回归方程为：$y = -50.20 + 1.80x$，则可断定这两个变量之间一定不存在正相关关系。（　　）

8. 累计增长量等于相应各逐期增长量之和。（　　）

9. 一般来说，对于含有周期变动的时间数列，采用的序时项数应与周期长度相一致，以便消除周期变动和不规则变动的影响，准确反映现象发展变化的长期趋势。（　　）

10. 本年与上年相比，若物价上涨15%，则本年的100元人民币只值上年的85元。（　　）

二、单项选择题

在每小题的四个备选答案中选出一个正确答案，并将正确答案的号码填在括号内。每小题1分，共10分。

1. 统计总体最基本的特征是(　　)。

①同质性　　②数量性　　③综合性　　④差异性

2. 制订统计调查方案的首要问题是(　　)。

①明确调查的任务和目的

②选择统计调查的方式

③制订统计调查的组织实施计划

④确定统计调查的对象和单位

3. 影响简单算术平均数大小的因素有(　　)。

①变量的大小　　②变量值的大小

③变量个数的多少　　④权数的大小

4. 变异度指标反映了总体分布的(　　)。

①集中趋势　②离中趋势　③长期趋势　④基本趋势

5. 一个系的学生中有65%是男生，40%是高年级学生。若随机抽选一人，则该学生既是男生又是高年级学生的概率最可能是(　　)。

①0.35　②0.60　③0.80　④1.05

6. 抽样调查与典型调查都是非全面调查，两者的根本区别在于(　　)。

①灵活程度不同　②组织方式不同

③作用不同　④选取调查单位的方法不同

7. 某食品厂规定其袋装商品每包的重量不低于500克，否则不能出厂。现对一批产品进行出厂检验，要求有99%的可靠性实现其规定，其原假设和备择假设应该是（$\alpha=0.01$）(　　)。

①$H_0: \mu=500$，$H_1: \mu\neq500$　②$H_0: \mu\geqslant500$，$H_1: \mu<500$

③$H_0: \mu\leqslant500$，$H_1: \mu>500$　④$H_0: \mu>500$，$H_1: \mu\leqslant500$

8. 下列现象不属于相关关系的有(　　)。

①家庭收入与支出的关系

②圆的半径与圆的面积的关系

③产品产量与单位成本的关系

④施肥量与粮食单位面积产量的关系

9. 序时平均数反映(　　)。

①同一时间不同现象的一般水平

②同一时间同种现象的一般水平

③不同时间不同现象的一般水平

④不同时间同种现象的一般水平

10. 某商店报告期与基期相比，商品销售额增长8%，商品销售量增长8%，则商品价格(　　)。

①增长20%　②增长10%　③增长1%　④不增不减

三、多项选择题

在每小题的五个备选答案中选出二至五个正确答案，并将正确答案的号码填在括号内。正确答案未选全或有选错的，该小题不得分。每小题1.5分，共15分。

1. 下列各项指标中属于实物指标的是(　　)。

①职工人数　②工资总额

③森林面积　④失业率

⑤人均GDP

2. 典型调查的含义包括(　　)。

①有意识地选择调查的单位

②事先对调查对象有所了解

③调查少数具有代表性的单位

④进行深入细致的调查

⑤为特定的目的专门组织的调查

3. 统计分组后应保持(　　)。

①同组单位所有的标志值都相同

②同组单位所有的标志都相同

③同组单位在分组标志上表现为同质

④各组事实上是一个更小的总体

⑤各组之间具有较明显的性质差异

4. 加权算术平均数的大小(　　)。

①受各组次数的影响

②受组中值大小的影响

③受各组标志值大小的影响

④受各组单位数占总体单位数比重大小的影响

⑤受各组次数和各组标志值的共同影响

5. 把全部产品分为合格品和不合格品，这里研究的标志属于(　　)。

①数量标志　　②品质标志　　③不变标志

④是非标志　　⑤属性标志

6. 某种考试有10道判断题，若有一个对题目毫无所知的人，对10道题任意猜测，则其猜对6道题的概率和及格（猜对6道题及以上）的概率分别为(　　)。

①0.1　　②0.2　　③0.3　　④0.4　　⑤0.5

7. 影响抽样平均误差大小的主要因素是(　　)。

①总体单位之间的变异程度

②总体标准差的大小

③抽样单位数的多少

④抽样方法的不同

⑤抽样组织方式的不同

8. 配合一条简单直线回归方程是为了(　　)。

①用因变量推算自变量

②用自变量推算因变量

③两个变量互相推算

④确定两个变量之间的函数关系

⑤确定两个变量之间的变动关系

9. 水平法平均发展速度可以保证(　　)。

①实际的平均发展水平等于推算的平均发展水平

②实际的最末水平等于推算的最末水平

③实际的定基发展速度等于推算的各期定基发展速度

④推算的累计增长量等于实际累计增长量

⑤推算的平均增长量等于实际平均增长量

10. 同度量因素的主要作用有（　　）。

①平衡作用　　②权数作用　　③稳定作用

④同度量作用　　⑤比较作用

四、填空题

每小题 1 分，共 10 分。

1. 指标是说明总体数量特征的概念，所有指标都要用＿＿＿＿＿表示。

2. 调查单位与报告单位的主要区别在于调查单位是＿＿＿＿＿，而报告单位则是负责向上级报告调查资料的单位。

3. 统计整理是统计调查的继续，又是＿＿＿＿＿的基础，起着承前启后的作用。

4. 时期指标与时点指标最根本的区别在于各自反映的现象在＿＿＿＿＿上的不同。

5. 某篮球队上场的 5 名球员有 4 名在 1.90 米至 2.00 米之间，其中有 1 人身高为 2.40 米。要说明该队队员身高的一般水平，用＿＿＿＿＿这一集中趋势比较合适。

6. 10 名选手参加网球比赛，要求每名选手都有机会与其他选手比赛，共要安排＿＿＿＿＿场比赛。

7. 抽样调查是建立在＿＿＿＿＿＿基础上的一种科学的调查方法。

8. 回归分析是研究某一因变量与一个或几个自变量之间数量关系变动趋势的方法。其目的在于根据已知自变量来估计和预测因变量的＿＿＿＿＿。

9. 某地区工业总产值 2006—2010 年平均增长 6.0%，2011—2016 年平均增长 8.0%，则 2006—2016 年的平均增长速度为＿＿＿＿＿%。

10. 综合指数与平均指数既有区别又有联系，两者的联系在于，在一定＿＿＿＿＿条件下，两类指数之间存在着变形关系。

五、简答题

每小题 5 分，共 15 分。

1. 什么是统计分组？它有何作用？

2. 对某集市贸易市场进行价格调查，猪肉上午每 500 克 20 元，下午每 500 克 18.5 元，平均价格为 19.25 元；鱼上午每 500 克 17 元，下午每 500 克 16 元，平均价格为 16.5 元。问这些平均价格有何假定条件？是否合理？

3. 在一场辩论中，一位政治家声称，由于美国的平均收入在过去的四年间增加了，因此情况正在好转。他的政敌却说，由于富人和穷人的平均收入存在着越来越大的差异，因此情况正在恶化。同样的数据，得出截然不同的结论，试用统计学的某些原理分析这场政治辩论。

六、计算题

每小题 10 分，共 40 分。计算结果均保留两位小数。

1. 某工业公司所属三个工厂的统计资料如下表所示。

工厂	实际产值（万元）	计划完成（%）
甲	1 030	103
乙	686	101
丙	490	98
合计	2 206	

试求该公司产量计划平均完成的百分比。

2. 某外贸公司对一批共 1 万台的进口彩电采用简单随机不重复抽样方法进行抽查，抽 120 台作样本。抽查结果发现有 6 台不合格。当概率保证程度为 95.45%（$t=2$）时，试求该批彩电的合格率区间。

3. 某国有农场在实验田上研究水稻耕种深度与公顷产量的关系，所得资料如下表所示。

耕种深度（厘米）	8	10	12	14	16	18
公顷产量（吨）	6.0	7.5	7.8	9.2	10.8	12.0

要求：

（1）试求公顷产量与耕种深度的直线回归方程；

（2）计算相关系数，在显著性水平 $\alpha=0.05$ 时，对回归方程进行显著性检验，其中：$R_{0.05}(4)=0.811$，$R_{0.05}(6)=0.707$；

（3）计算估计标准误差；

（4）若耕种深度为 17 厘米，在 95.45% 的概率保证程度下，试推算公顷产量的区间范围。

4. 已知某地基期社会商品零售额为 115.30 亿元，报告期为 134.47 亿元，零售物价上涨 9%。据此资料计算该地区的零售额指数和零售量指数，以及因零售物价变动和零售量变动各增加多少零售额。